반도체 초진화론

반도체 초진화론

•반도체 민주화 시대의 대응전략•

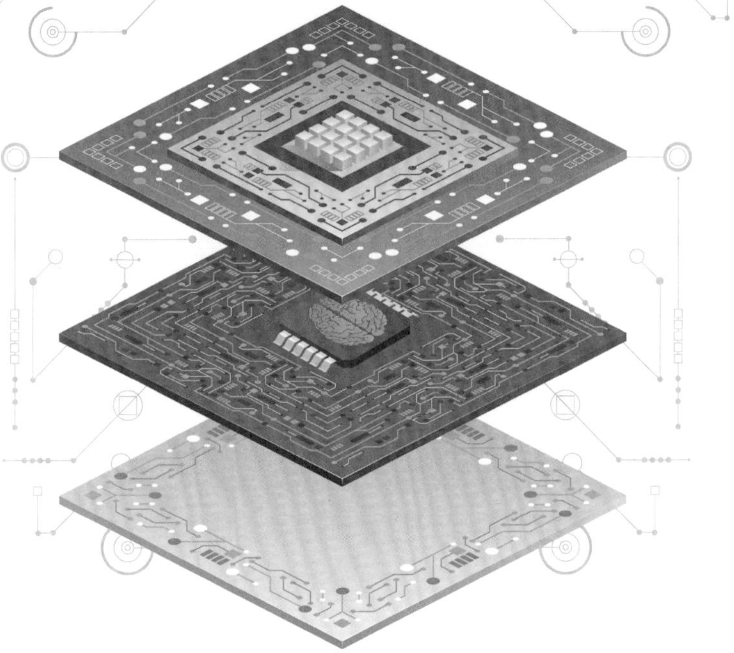

구로다 다다히로(도쿄대학교 전기전자공학부) 지음
박정규(KAIST 기술경영전문대학원 겸직 교수) 옮김

북스힐

추천의 글 1

본서 『반도체 초진화론』을 읽고 제일 먼저 떠오른 생각은 '매우 흥미롭다, 그리고 야심차며 가슴을 뛰게 만든다'는 것이었다. 이 책은 최근의 반도체 기술과 산업에서 일어나고 있는 변화들을 흥미진진하게 설명하면서 일본의 반도체 산업 부흥 계획을 대담하게 밝히고, 가슴을 뛰게 하는 미래 기술에 대한 상상과 비전을 소개한다.

저자인 구로다 다다히로 교수는 필자와 20년 이상의 지기(知己)다. 구로다 교수가 도시바에서 저전력 DSP를 개발할 당시에 처음 만났고 그가 게이오대학교로, 그리고 현재 도쿄대학교로 옮겨 교육과 연구를 하는 동안 지속적으로 교류해왔다. 국제학회에서도 만남을 이어왔는데, 이에 그치지 않고 양측 대학교의 실험실 학생들이 모두 매년 일본과 한국을 번갈아 방문하면서 워크숍에 참여하여 마치 하나의 실험실처럼 친밀하게 되었다. 또한 중국 칭화대학교의 왕지화

교수 그룹도 함께하여, 한중일 3국의 첨단 대학들로 구성된 KTT(KAIST-Tokyo-Tsinghua) 워크숍을 매년 개최했다. 구로다 교수의 말에 의하면 20여 년 동안 이 워크숍을 거쳐간 학생들의 연인원이 1,000명을 넘는다고 한다. 이런 인적네트워크가 장래 산업발전에 큰 역할을 하리라 기대하고 있다. 나는 이러한 교류를 통해 구로다 교수의 학문에 대한 열정과 일본에 대한 애국심, 그리고 미래 기술에 대한 비전을 많이 들어왔다.

평소 유쾌하며 활발한 성격의 구로다 교수를 일본뿐만 아니라 세계의 많은 연구자들이 따르고 있다. 그는 반도체 분야의 최고 학회 중 하나인 IEEE VLSI Symposium의 일본 측 집행위원장을 8년간 맡았고, IEEE ASSCC 운영위원장을 역임했다. 구로다 교수는 자타가 공인하는 일본을 대표하는 세계적인 반도체 공학자로서, 특히 본문에서도 언급된 TCI(ThruChip Interface) 분야를 처음으로 제안하고 이 기술을 고도화했으며, 이를 실용화하기 위한 여러 연구를 선보이는 등 3D 집적 분야의 대가이기도 하다.

구로다 교수가 도쿄대학교로 옮긴 직후 코로나 사태가 발생해 방문을 못 하다가 2022년 12월 초에서야 방문할 수 있었다. 당시 구로다 교수는 라피더스(Rapidus)와 LSTC(Leading-edge Semiconductor Technology Center) 설립에 대한 논의와 매스컴과의 인터뷰 등으로 무척 바쁜 모습이었다. 본문의 제1장에서 소개한 장면이 그즈음이었던 것 같다. 일본 반도체의 부흥을 위해 게이오대학교에서 서둘러 도쿄대학교로 옮긴 후 d.Lab과 RaaS 등을 설립하고, 이후 라피더스와 LSTC 설립 등 거대한 프로젝트들을 짧은 시간에 구현했다. 또한 그 바쁜 와중에도 이렇게 훌륭한 책을 집필했다는 것이 놀랍다.

본서는 1. 일양내복 2. 권토중래 3. 구조개혁 4. 백화요란 5. 민주주의 6. 초진화론의 여섯 장으로 구성되어 반도체 기술과 산업에 대한 역사와 최신기술, 일본의 반도체 산업이 다시 부흥할 수 있는 전략, 그리고 미래 반도체 기술에 대한 단상을 말하고 있다. 또한, 핵심 기술 중 하나인 애자일(Agile) 개발과 이를 구현하기 위한 국제적, 민주적인 협력에 대해서 흥미진진하고 박진감 넘치게 기술한다. 저자는 미래의 반도체는 녹색성장, 즉 저전력 및 3D 집적이 중요하며 데이터 중심, 인간 중심의 AI 반도체칩을 중심으로 발전하리라 전망한다. 시간이 곧 경쟁력이므로 초스피드로 칩을 설계하고 제작할 수 있는 애자일 개발을 강조하는데, 이를 통해 더 많은 사람들이 반도체 개발에 참여함으로써 기존에 상상조차 할 수 없었던 새로운 기술과 방법이 등장할 수 있는 새로운 반도체 생태계를 제시한다. 그리고 일본의 반도체 산업이 라피더스와 LSTC를 통해 부흥하기를 제안하고 있다.

그동안 구로다 교수가 반도체 분야에서 탁월한 연구 성과를 보이는 데 감탄하고 있었는데, 이렇게 재미있고 새로운 영감을 주는 흥미진진한 책을 집필하는 또 다른 모습을 발견하게 되어 다시금 놀랐다. 더 나아가 앞으로 일본 반도체를 부흥시킨 성공 스토리에 대한 책을 집필할 수 있기를 기대해 본다.

본서에는 28nm급에서 멈춘 일본 반도체를 2nm으로 부활시키겠다는 저자의 고뇌와 열정이 잘 드러난다. 한편 28nm를 넘어 7nm와

2nm에 이르기까지, 메모리에서 세계 1위 및 파운드리에서 세계 2위의 실적을 올리고 있는 대한민국이 현재의 우위를 계속 유지하며 미래 반도체 기술과 산업을 어떻게 선도해 나가야 할지 전략을 고민하면서 이 책을 읽는다면 더욱 흥미로울 것이라 생각한다. 반도체 산업과 그 관련 산업 종사자, 정책 입안자, 반도체 관련 투자자 및 전공 학생들에게 일독을 권한다.

유회준
한국 반도체공학회 회장
KAIST 인공지능반도체 대학원 원장
(과기정통부지원) PIM 반도체연구센터 센터장
KAIST ICT융합연구소 소장
KAIST 전기 및 전자공학부 석좌교수
IEEE Fellow
IEEE SSCS AdCom Member

추천의 글 2

본서는 반도체 강국의 부활을 꿈꾸는 일본의 이야기이다. 미일 반도체 분쟁에서 촉발된 기술 패권 경쟁 구도 속에서 반도체 산업이 재편되고, 호시탐탐 반도체 부활을 노리던 일본이 새로운 기회를 포착하고 있다. AI 시대를 맞아 범용 칩에서 전용 칩으로의 기술 패러다임 전환기에 선점 효과를 누리려는 전략이다. 범용 칩에서 전용 칩으로의 전환 과정에서 방대한 에너지 소모를 절약할 수 있는 전용 칩의 개발이 요구되고 있다. 미세 공정과 3D 집적 기술의 고도화 등을 통한 에너지 효율의 제고가 시급하게 요구되는데, 이에 일본이 초점을 맞추고 있다.

요약하면 고도의 효율적인 디지털 사회에 적합한 반도체, 즉 각자의 맥락과 구조의 물리적 공간과 이에 맞춰진 가상공간을 만들어 서로 융합시키기 위해서는 군더더기 없는 높은 효율성의 반도체가 필수적이라는 것이 저자의 주장이다. 다시 소품종 대량에서 다품종 소량으로의 이전이다.

이를 위해 일본은 이원화 전략을 취한다. 하나는 현재 기술 수준의 반도체 생산이고, 다른 하나는 미래 기술 수준의 반도체 생산이다. 전자는 구마모토에 건설 중인 TSMC로서 28, 22, 16, 12nm의 현재의 주력 반도체를 생산한다. 이들의 연구개발은 이바라키현 쓰쿠바에 건설 중인 3DIC 연구개발센터가 담당한다. 후자는 홋카이도 치토세에 건설 중인 라피더스로서 2nm 이상 최첨단 반도체를 생산한다. 라피더스는 도요타, 소니, 소프트뱅크 등 8개 기업이 연합하여 설립하였다. 2nm 이상 차세대 반도체 연구개발은 LSTC(Leading-edge Semiconductor Technology Center)가 담당하는데, 미국 NSTC(National Semiconductor Technology Center), IBM, 유럽 imec와의 협력하에 산업기술종합연구소, 이화학연구소, 물질 · 재료 연구기구, 도호쿠대학, 쓰쿠바대학, 도쿄대학, 도쿄공업대학, 오사카대학, 고에너지 가속기 연구기구 등이 참여하고 있다.

더불어 일본은 이원화 전략의 효율적인 달성을 위하여 숲의 생태계처럼 글로벌 협력, 산학연 협력을 적극 도모하여 공생, 공진화를 적극 추진한다. 뿐만 아니라 연구개발센터는 대도시 인근, 공장은 지방에 분산 배치하여 되도록 많은 지역이 참여하는 전략을 취하고 있다.

본서의 저자인 구로다 다다히로 교수는 반도체의 대가답게 반도체 기술의 추세 및 글로벌 경쟁 구도, 미래 사회 및 산업의 모습, 경제 안보화 등 종합적인 눈으로 바라보면서 반도체 산업의 부활을 일본 경제의 산적한 문제를 타개하는 중요한 모멘텀으로 삼고 있다. 기술–비즈니스–경제에 관한 구로다 교수의 혜안이 돋보인다. 특히 반도체가 산업의 쌀에서 사회의 뉴런으로 변모한다는 통찰은 탁월한 식견이라 할 수 있다. 그는 VLSI(Very Large Scale Integration) 기술 심포지엄의 오랜 국제적인 활동을 통해 체득한 '혁신이 어떻게 이루어지는가'를 생생하게 들려준다. 또한 일본이 반도체의 새로운 아성을 구축하려는 야심의 비하인드 스토리도 함께 얘기한다.

본서는 반도체 강국의 부활을 꿈꾸는 일본이라는 나무 이야기지만 과학 문명의 진화라는 숲 이야기도 함께 다룬다. 저자는 현대의 산업사회가 자본집약형 사회에서 지식집약형 사회로 이전한다고 전망한다. 전자에서는 도로, 항만, 철도, 공항이 인프라였지만, 후자에서는 데이터를 옮기는 IoT, 5G, AI가 인프라다. 이 인프라를 지탱하는 것이 반도체라고 역설한다. 나아가 본서는 단순히 반도체 기술의 패러다임 변화, 글로벌 경쟁구도, 국가 경쟁력 등에 국한하지 않고 거대한 디지털 문명의 진화와 연결지어 논의를 진행한다. 심지어 자연 생태계의 진화, 복잡계 과학이라는 과학 이론의 발전 맥락과 반도체 진화를 연결지음으로써 그 깊이를 더해주고 있다.

본 저서를 번역한 박정규 교수는 본인이 맡고 있는 KAIST 기술경영전문대학원의 겸직교수로서 아키텍처 이론과 모빌리티 혁신에 대해 강의를 하고 있다. 반도체, 모빌리티 분야 이론과 실무를 겸비한 전문가로서 현재 왕성한 활동을 펼치고 있다. 이번에 시의적절하게 본 저서를 국내에 번역 소개함으로써 그 공이 적지 않다.

본 저서는 비록 일본 얘기지만 일본에 국한되지 않으며, 반도체 강국으로서 반도체 의존도가 높은 한국이 반도체 생태계의 나무와 숲을 보는 계기를 마련하는 결과물임에 틀림없다.

이덕희

KAIST 기술경영전문대학원원장

KAIST 혁신학회장

KAIST 기술경영학부 교수

추천의 글 3

●● 1980년대까지 세계 반도체 시장의 절대 강자였던 일본의 반도체 산업이 부활의 몸짓을 하고 있다. 일본 반도체 산업의 부활 움직임에는 반도체 공급망을 둘러싼 미중간의 기술 패권 경쟁이 자리 잡고 있다. 과연 일본의 반도체 산업은 다시 세계의 강자로 귀환할 수 있을까? 구로다 교수는 실제와 이론을 겸비한 반도체 전문가로서 일본 반도체 산업 부활의 담대한 비전과 전략을 제시하고 있다. 기술 패권 경쟁 시대에 일본 반도체 산업의 비전과 반도체 신기술에 대한 전문가적 설명이 흥미진진하다.

KAIST 문술미래전략대학원 교수 서용석
KAIST 국가미래전략술정책연구소 소장

●● 한때 세계 시장을 석권하였다가 1990년대 이후 버블경제 붕괴와 함께 쇠락의 길을 걸어온 일본 반도체 산업은 최근 재기의 움직임을 보이고 있는데, 구로다 교수는 이러한 과정을 잘 설명하면서 향후 반도체 산업이 발전해 나갈 방향을 제시하고 있다. 이 책은 반도체 산업의 이해에 큰 도움을 주고 있을 뿐만 아니라 한국 반도체 산업의 미래에 대해서도 많은 시사점을 제시해 주고 있다.

숙명여대 경영학부 교수 이형오

●● ChatGPT의 등장과 함께 현실로 성큼 다가온 인공지능 시 대. 새로운 시대를 열 핵심 기술로 AI 반도체가 많은 관심을 받고 있다. 이 책은 반도체의 기본 개념인 트랜지스터나 폰 노이만 구조부터 AI 반도체의 현재를 이끈 저전력/칩렛 설계, 더 나아가 인공지능 시대를 가능케 할 미래 반도체 설계 기술까지 탄탄하게 연결함으로써 AI 반도체에 관심 있는 독자가 관련 기술 발전을 쉽게 따라갈 수 있도록 유용한 인사이트를 제공하고 있다. 특히, 반도체 산업의 전통의 강자인 일본이 인공지능 시대를 맞이하여 어떤 방향으로 AI 반도체 혁신을 준비하는지 보여주고 있어서, 이 책을 읽고 한국의 반도체 연구 방향을 다시 한번 고민하는 계기가 되었다. 우리나라의 AI 반도체 산업이 인공지능 시대에 꽃피울 수 있도록, 이 책을 통해 많은

분들이 함께 방향을 고민하고 의견을 모으면 좋을 것 같다.

한양대학교 전자공학과 교수 최정욱

●● 이제는 다시 도전자의 자세로 반도체 시장을 공략하는 일본의 상황을 생생하게 그려낸 책이다. 구로다 도쿄대 교수는 일본을 대표하는 반도체 공학자로서, 학문적인 업적뿐만 아니라 미래 전략까지 동시대 많은 후학들에게 큰 영향을 끼치고 있다. 대한민국과 동아시아의 반도체 미래를 그리고 있는 많은 독자들이 이 책과 만날 수 있기를 기대한다.

리벨리온 대표 박성현

●● 이 책은 일본 반도체 산업을 부흥하기 위한 구체적인 전략과 시각이 담겨 있다. 이 책의 많은 내용은 설계 중심의 팹리스 산업이 크게 더 성장해야 하는 한국에도 적용된다. 특히 범용 칩에서 특수 목적 칩으로의 대전환과 특수 목적 칩이 성공하기 위해 함께 받쳐주어야 할 기술 전반에 대해 자세히 설명하고 있다. AI 시대를 맞아 더욱 중요해지고 있는 반도체 산업의 패러다임 전환과 이를 어떻게

우리에게 새로운 기회로 삼을지를 생각하는 분들께 일독을 권한다.

퓨리오사AI 대표 백준호

●● 이 책의 저자인 구로다 다다히로 교수님은 KAIST 유회준 교수님이 주최하신 KTT 워크숍에서 15년 전에 처음 뵀었는데, 당시에도 이미 유명한 분이었고 예리하지만 항상 유쾌하셨던 모습이 기억에 남아 있다. 연구와 산업 경험을 두루 갖춘 구로다 교수님이 최근 일본에서는 반도체의 재부흥을 위해 활발히 활동하고 계시다는 이야기는 많이 들었는데, 이 와중에 동시에 그 생각을 책으로 집필하였다는 데에서 놀라웠고 흥미롭게 읽을 수 있었다. 특히, 최근 급변하는 세계 반도체 환경에서 위기를 맞이하고 있는 우리나라의 상황을 고려할 때, 우리에게도 반도체 초 진화를 위해 어떤 비전을 가져야 하는지, 어떻게 준비해야 하는지를 제시하는 값진 책으로 생각한다.

유엑스팩토리 대표 박준영

●● AI의 시대는 방대한 데이터를 처리하는 반도체의 시대와 맞물려 진화하고 혁신한다. 이 책은 '무어의 법칙'이 한계에 다다른 지금, 일본 반도체 산업이 반도체의 민주화라는 방향성에 발맞춰 파

괴적 기술로 반격에 나설 수 있을지에 대한 시사점을 던진다. 한국을 대표하는 제조 AI 스타트업을 창업한 경영자의 시각에서, 거대한 경제적 생태계가 된 반도체 산업에 우리는 AI로 어떤 가치를 더해갈 수 있을지에 대해 깊이 고민하는 계기가 됐다. 이 책이 독자 여러분께도 동아시아와 세계 반도체 산업의 잠재적 가치를 느끼는 의미 있는 책이 되길 바란다.

마키나락스 대표 윤성호

●● 이 책은 AI 반도체 산업의 급변하는 흐름 속에서 일본의 경험을 통해 한국이 어떻게 대응해야 할지에 대한 깊이 있는 분석이 담겨 있습니다. 저자는 일본의 반도체 산업 발전 과정과 현재의 도전을 세심하게 분석하며, 이를 통해 한국 반도체 산업의 미래 발전 방향에 대한 중요한 시사점을 제시합니다. 이 책은 세계적인 경기 침체 기조에 한국이 AI 반도체를 통한 생존 전략을 모색하는 데 있어서, 'Next NVIDIA'를 꿈꾸는 기업가, 연구원, 정책 입안자에게 귀중한 인사이트를 제공합니다. AI 반도체 산업의 미래를 이끌어갈 다음 세대의 혁신가들에게 이 책은 꼭 필요한 나침반이 될 것입니다.

카논그룹 CTO 맹윤호
이화여대 신산업융합대학 겸임교수

차례

○ 추천의 글 ······· 005

○ 본문을 읽기 전에 알아 두면 편리한 용어집 ······· 022

01 일양내복—陽來復

[Prologue] ······· 025

1 만찬회—무대는 돈다 ······· 026

2 도쿄대가 움직인다—애자일(Agile)! ······· 031

3 More People—세계의 두뇌를 매혹시켜라 ······· 036

4 반도체의 숲—공생과 공진화 ······· 040

02 권토중래 捲土重來

[Game Change] ······· 045

1 반도체 전략—선선(先先)의 선(先) ······· 046

게임 체인지

패러다임 전환

녹색 성장 전략

2 범용 칩에서 전용 칩으로—반도체 산업의 게임 체인지 ······· 056

범용 칩의 시대와 전용 칩의 시대

게임 체인지-GAFA가 전용 칩을 개발하기 시작하다

지식 집약형 사회 속의 제조업을 생각하다

3 산업의 쌀에서 사회의 뉴런으로—포스트 코로나 시대의 반도체 ······· 063

방대한 에너지를 소비하는 원격 사회

산업의 쌀에서 사회의 뉴런으로

디지털 문명을 만들려면

4 댐에서 반도체로 — 디지털 사회의 인프라 …… 070
핫타 댐과 TSMC
디지털 사회의 인프라
히로이 이사미의 가르침

column 라피더스의 전략 ○ 077

03 구조개혁構造改革

[More Moore] …… 085

1 뇌와 컴퓨터와 집적회로의 짧은 역사 — 그리고 하나의 미래 …… 086
뇌와 컴퓨터와 집적회로의 탄생
집적회로의 성장과 한계
범용에서 전용으로, 2D에서 3D로

2 스케일링 시나리오 — 지수 함수의 경이로움 …… 093
이상적인 스케일링 시나리오
실제 스케일링과 그 부작용
지수 함수의 경이로움을 직관적으로 알기 힘들다

3 칩의 구조개혁 — 누전을 줄여라 …… 100
트랜지스터의 구조개혁
배선의 구조개혁
한계설의 트렌드

4 AI 칩 — 뇌에게 배운다 …… 109
수학에서 탄생한 컴퓨터
뇌에게 배우는 AI 칩
뇌와 실리콘 뇌

column LSTC의 전략 ○ 116

04 백화요란百花擾亂
[More than Moore] ······· 123

1 2D에서 3D로—집적회로의 다음 반세기 ······· 124
대규모 시스템의 접속 문제
실리콘 관통 전극(TSV)과 자계 결합 통신
불연속적인 기술을 살리는 시대

2 반도체 큐브—가로에서 세로로 ······· 131
팬케이크 모양(수평)과 슬라이스 빵 모양(수직)
메모리 큐브에서 시스템 큐브로
The best thing since sliced bread

3 뇌를 인터넷에 접속하다—Internet of Brains ······· 138
케임브리지에서 본 신비로운 광경
팽창 현미경법과 그 반대 방법
뇌가 인터넷에 연결된다면

4 동기와 비동기—칩의 리듬 ······· 145
칩의 동기 설계
비동기 설계 다시 생각하기
자연계의 리듬

column 집단 동기화 모델 ○ 153

05 민주주의民主主義
[More People] ······· 163

1 타임 퍼포먼스—Time is money ······· 164
가격 대비 성능과 시간 대비 성능
포스트 5G에 필요한 반도체
컴퓨터 활용하기

2 애자일 개발—AI 시대의 칩 개발법 ······· 172
워터폴(waterfall) 모델에서 애자일(agile) 모델로
칩의 애자일 개발
분할 통치법

3 실리콘 컴파일러—소프트웨어를 쓰듯 칩을 만든다 ······· 179
실리콘 컴파일러 1.0
실리콘 컴파일러 2.0
르네상스

4 반도체의 민주화—애자일X ······· 186
애자일X
과학의 발전에 공헌하다
SPICE가 머리에 깃들다

column 국제 두뇌 순환 ○ 194

06 — 초진화론超進化論
[Epilogue] ······· 203

1 거대 집적—There's plenty of room at the TOP ······· 204
2 무성한 숲—생태계의 힘 ······· 209
3 초진화론—다양성을 키우는 구조 ······· 213
4 싹이 트다—다음 세대로 ······· 219

column imec이 강한 이유 ○ 221

○ 맺음말 ······· 227
○ 역자 후기 ······· 230
○ 더 알고 싶은 사람을 위한 심층 해설 ······· 233

▷ 본문을 읽기 전에 알아 두면 편리한 용어집 ◁

| 아키텍처 |	○ 컴퓨터의 기본 설계나 설계 사상.
| 후공정 |	○ 칩을 패키지에 배선해서 밀봉하는 공정.
| 웨이퍼 |	○ 단결정 실리콘으로 만들어진 원기둥을 얇게 썬 원반 모양의 판. 칩의 재료로 사용된다.
| 게이트 |	○ 트랜지스터를 온/오프하는 제어 단자.
| 컴파일 |	○ 프로그래밍 언어로 쓰인 소스 코드를 컴퓨터가 직접 실행 가능한 기계어로 변환하는 것.
| 전용 칩 |	○ 시중에서 팔지 않고 특정 용도로만 이용하는 칩. 구글의 AI 칩이나 애플의 CPU 등.
| 칩 |	○ 실리콘 기판에 트랜지스터와 배선이 집적된 1cm짜리 정사각형 모양의 반도체 집적회로.
| 디바이스 |	○ 트랜지스터나 배선 등 전자회로의 부품.
| 트랜지스터 |	○ 전기 신호를 증폭 또는 전환할 수 있는 반도체 소자.
| 반도체 |	○ 전기가 통하는 도체와 전기가 통하지 않는 절연체의 중간 성질을 가졌으며, 전기의 흐름을 제어할 수 있는 물질.
| 범용 칩 |	○ 시중에 팔며 일반 용도로 사용되는 칩. 메모리 칩이나 인텔의 CPU 등.
| 파운드리 |	○ 칩 제조를 전문으로 하는 기업. 설계 메이커가 개발한 칩을 제조한다.
| 포토마스크 |	○ 포토 리소그래피로 실리콘 기판 위에 소자나 회로 패턴을 전사하기 위한 원판. 칩을 제조하기 위해 몇십 장의 포토마스크가 이용된다.
| 포토 리소그래피 |	○ 포토마스크의 패턴을 칩으로 전사(轉寫)하는 기술. 레지스트 도포, 노광, 현상 공정으로 이루어진다.
| 프로세스 |	○ 칩의 제조 공정.
| 전공정 |	○ 웨이퍼에 디바이스를 제조하는 공정.
| 무어의 법칙 |	○ 칩의 집적도는 24개월마다 2배씩 증가한다는 경험칙.
| 메모리 칩 |	○ 데이터를 기억하는 칩.
| 로직 칩 |	○ 데이터를 처리하는 칩.
| ASIC |	○ Application Specific Integrated Circuit의 약자로 '에이식'이라고 읽는다. 특정 용도의 집적회로, 다른 말로 전용 칩이다.

| CAD |
○ Computer-Aided Design의 약자로 '캐드'라고 읽는다. 컴퓨터로 하는 설계 지원 툴.

| CMOS |
○ Complementary Metal-Oxide-Semiconductor의 약자로 '시모스'라고 읽는다. P형과 N형 트랜지스터를 상보적으로 동작시키는 회로. 단면 구조가 금속(M)-산화막(O)-반도체(S)로 되어 있다고 해서 트랜지스터를 MOS(모스)라고 부른다.

| CPU |
○ Central Processing Unit의 약자. 데이터를 처리하는 칩.

| DRAM |
○ Dynamic Random Access Memory의 약자로 '디램'이라고 읽는다. 데이터를 일시적으로 저장하는 메모리 칩.

| EDA |
○ Electronic Design Automation의 약자로 '이디에이'라고 읽는다. 반도체나 전자기기의 설계를 자동화로 작업하는 것, 또는 그 툴이나 소프트웨어.

| EUV 리소그래피 |
○ EUV는 Extreme Ultraviolet의 약자로 '이유브이'라고 읽는다. EUV 리소그래피는 파장이 짧은 극자외선을 사용한 최첨단 노광 기술.

| FinFET |
○ Fin Field-Effect Transistor의 약자로 '핀펫'이라고 읽는다. 칩의 표면에 만들어진 종래의 트랜지스터에 비해 게이트의 지배력을 높이기 위해 입체 구조가 된 트랜지스터. 물고기 지느러미(Fin)와 닮았다고 해서 붙인 명칭.

| Flash |
○ 데이터를 장기 저장하는 메모리 칩. NAND(낸드)형과 NOR(노어)형이 있다.

| FPGA |
○ Field-Programmable Gate Array의 약자로 '에프피지에이'라고 읽는다. 제조 후에 회로를 프로그램할 수 있는 집적회로.

| GAA |
○ Gate All Around의 약자로 '지에이에이'라고 읽는다. FinFET보다 게이트 지배력을 더 높이기 위해 게이트가 채널을 둘러싸는 구조로 만들어진 신형 트랜지스터.

| GPU |
○ Graphics Processing Unit의 약자로 '지피유'라고 읽는다. 병렬 처리에 뛰어나 그래픽스나 AI 처리에 적합한 칩.

| imec |
○ Interuniversity Microelectronics Centre의 약자로 '아이멕'이라고 읽는다. 미세 가공 기술로 세계를 선도하고 있는 벨기에의 연구 기관.

| SoC |
○ System on a Chip의 약자로 '에스오시'라고 읽는다. 칩 하나에 프로세서 코어나 마이크로 컨트롤러, 전용 기능 등을 집적해서 시스템으로서 기능하도록 설계된 칩.

| TSMC |
○ Taiwan Semiconductor Manufacturing Company(타이완 반도체 매뉴팩처링 공사)의 약자. 대만에 있는 세계 최대의 파운드리.

| VLSI |
○ Very Large Scale Integration의 약자로 '브이엘에스아이'라고 읽는다. 10만 개 이상의 트랜지스터를 집적한 복잡하면서도 규모가 큰 칩.

01

일양내복

一陽來復

겨울이 가고 봄이 돌아온다

[Prologue]

01

만찬회
―무대는 돈다

2022년 12월 14일 밤.

호텔 오쿠라의 대연회장 '헤이안 홀'은 400명의 열기로 가득 차 있었다. 사회자의 아바타가 큰 스크린에 모습을 드러내자 사람들은 그제야 자리에 앉았다.

제일 앞줄의 중앙 자리에는 VIP들의 모습이 보인다. 자민당 반도체 전략추진의원연맹 회장 아마리 아키라, 경제산업대신 니시무라 야스토시, 이화학연구소 이사장 고노카미 마코토. 경제산업성 상무정보정책국장 노하라 사토시, 총무과장 니시카와 가즈미, 과장 가나자시 히사시, 실장 오기노 요헤이.

산업계 인물로는 NTT 회장 사와다 준, JSR 명예회장 고시바 미쓰노부, 도쿄일렉트론 전 회장 쓰네이시 데쓰오와 사장 가와이 도시키, 아드반테스트(Advantest) 사장 요시다 요시아키, SCREEN 홀딩스 사장 히로에 도시오, 소니 세미컨덕터 솔루션 사장 시미즈 데루시, 키옥시아 사장 하야사카 노부오, 르네사스 일렉트로닉스 사장 시바타 히데토시, 미라이즈 테크놀로지 대표이사 가와하라 노부아키, THK 사장 데라마치 아키히로, 호리바제작소의 회장 겸 CEO 호리바 아쓰시.

IBM 연구소 소장 다리오 길과 부소장 무케시 카레, imec 최고 전략 책임자 조 데 벡, SEMI(국제 반도체 제조장치재료협회) 회장 아지트 마노차, TSMC 부사장 준 허. TSMC 재팬 사장 오노데라 마코토와 TSMC 재팬의 3DIC 연구개발센터장 에모토 히로시의 얼굴도 보인다.

그리고 오늘 밤의 주인공, 라피더스의 회장 히가시 데쓰로와 사장 고이케 아쓰요시가 가운데 자리에 앉아 있다.

모두 마음속에 밝은 미래를 그리고 있다.

반도체 산업은 성장 산업이다

1982년에 150억 달러(약 3.7조 엔)였던 반도체 시장이 2021년에 5,000억 달러(약 65조 엔)에 이르렀다. 평균 연이율 9.4%의 고도성장이 40년 동안 이어진 것이다.

당초 반도체 시장은 명목 GDP의 0.2% 정도에 불과했다. 그랬던 것이 1990년대 중반에 GDP 0.4%를 차지할 정도로 급성장했다. 무슨 일이 있었던 걸까.

1990년대 중반에 윈도우 95가 세계적인 히트 상품이 되었다는 사실을 떠올리는 사람도 많을 것이다. 그 전에 반도체는 TV나 비디오 등 물리 공간을 풍요롭게 만드는 가전제품에 많이 이용되었는데, 이후로는 컴퓨터(PC)나 스마트폰에 많이 사용되기 시작했다. PC는 가상 공간을 만들어냈고, 스마트폰은 가상 공간을 손에 들고 다닐 수 있게 했다.

다시 말해 반도체의 무대가 물리 공간에서 가상 공간으로 넓어짐에 따라, 반도체 시장은 GDP 0.2%에서 0.4%로 성장했다. 근래 들어 반도체 시장이 GDP의 0.6%를 향해 다시 솟아오를 조짐을 보이고 있다. 신종 코로나 바이러스 때문에 특별 수요가 있었으니 조금 더 주의 깊게 판단할 필요는 있다. 이미 시장은 조정 국면에 들어갔다. 하지만 조정 끝에 다시 큰 성장이 기다리고 있다면, 반도체는 제3의 성장기를 맞이하게 된다.

반도체가 만들어내는 새로운 가치는 물리 공간과 가상 공간을 높은 수준으로 융합해서 데이터 구동형 사회를 창출하는 것이며, 사회과제 해결과 경제 발전이라는 두 가지 과제를 달성하는 것이다.

자율 주행이나 로보틱스, 스마트 시티가 그 예라고 볼 수 있다. 센서가 물리 공간의 실시간 데이터를 모으고, AI(인공지능)가 가상 공간에서 디지털 트윈으로 분석하고, 곧바로 물리 공간으로 되돌려 모터를 제어한다. 이렇게 해서 사람들은 목적지까지 최단 시간과 최소 에너지로 안전하면서도 쾌적하게 이동할 수 있게 된다.

세계의 반도체는 이렇게 듬직하게 성장하고 있다.

한편 일본으로 눈을 돌려보면, 일본의 반도체 산업은 이 25년 동안 휴면 상태에 있었다. 한국, 대만, 중국이 급속도로 성장하는 가운데, 일본만이 제자리걸음이었다.

일본 반도체가 몰락한 요인에 대해 몇 가지 지적이 있었다. 미일 무역 마찰이나 엔고라는 경영 환경에 관한 요인. 디지털화나 수평 분업의 지연 등 전략에 관한 요인.[1] 히노마루 자전주의(히노마루는 일장기의 빨간 동그라미, 붉은 해를 상징하며 일본을 의미한다 – 역자)에 빠져 한국·대만·중국의 국가적 기업 육성에 대항하지 못한 산업 정책에 관한 요인 등.

하지만 정세가 변했다. 미일 제휴와 엔저의 영향으로 경영 환경이 호전되고 있다. 또한 디지털 산업이나 파운드리에 대한 투자 전략이 공격적으로 바뀌었다. 산업 정책 역시 국제 제휴 쪽으로 가고 있다.

국가가 단단히 각오를 다지고, 나라의 운명을 걸고 반도체 산업 재생에 온 힘을 쏟고 있는 것이다.

이번에야말로 변화한다.

SEMI가 주최한 전시회 '세미콘 재팬 2022'의 테마는 '미래를 바꾼다. 미래가 바뀐다'였다.

기시다 후미오 내각총리대신은 개회식에서 이렇게 발표했다.

"반도체가 디지털화, 탄소 중립, 그리고 경제 안전 보장 확보 등을 뒷받침하는 핵심 테크놀로지라는 것은 말할 필요도 없을 것입니다.[2]

또한 녹색 성장, 디지털 등의 사회 과제를 성장의 엔진으로 삼고,

지속 가능한 경제 사회 실현을 이루기 위해 새로운 자본주의를 받쳐 주는 가장 중요한 물자입니다.

코로나 시국을 헤치고 나와 사회 경제 활동을 정상화하고 엔저라는 장점을 살리기 위해서도, 사회 기반이 되는 반도체 분야에 국내 투자를 공격적으로 확대하도록 지원하며 경제 구조 강화를 추진하려고 합니다.

구마모토에 유치한 TSMC 반도체 공장은 그 지역에 1년 동안 4조 엔이 넘는 경제 효과와 7000명이 넘는 일자리를 창출해낼 것으로 계산됩니다. 지방의 활성화로도 이어지는 이러한 투자를 더 확실히 밀어주기 위해, 지난번 보정 예산에서 1조 3,000억 엔을 확보했습니다.[3] 이렇게 반도체의 국내 투자를 전국으로 확대해 나가면서 동시에 차세대 반도체 개발도 진행할 계획입니다.

반도체의 서플라이 체인을 한 나라만으로 꾸리기란 어렵다는 현실도 직시해야 합니다. 정부가 지원하는 반도체 개발 프로젝트에서도 글로벌 제휴를 강화하려고 합니다. 미래에 차세대 반도체의 양산 거점을 짊어질 라피더스가 IBM과 공동 개발 파트너십을 체결한다고 어제 공표했습니다. 그리고 유럽의 imec과도 협력하여 2020년대 후반에는 양산 체계를 확립하려고 합니다.[4]

AI나 양자의 발전에 필요한 고도의 계산 시스템(HPC, High Performance Computing)이나 자율 주행, 차세대 로봇 등 앞으로 세계적으로도 크게 진화할 디지털 경제를 떠받치는 최첨단 반도체를 일본에서도 공급하고 싶습니다."

02

도쿄대가 움직인다
— 애자일(Agile)!

'헤이안 홀'의 단상에 고노카미 이사장이 섰다. 고노카미는 도쿄대 총장 자리에서 이화학연구소 이사장 자리로 옮겼을 때, 반도체와 양자 컴퓨팅 전략을 가지고 갔다.

나는 고노카미 총장과 2019년 5월에 만났다. 신록이 눈부신 혼고 캠퍼스의 야스다 강당은 정면 현관이 지상 3층에 있다. 경비에게 신분증명서를 보여주고 안으로 들어가서 계단을 내려가 시계 반대 방향으로 복도를 돌면 비밀 기지 같은 공간이 나타난다.

고노카미 총장은 일본에서 반도체 부흥이 일어나려면 무엇이 필요한지 물었다.

"에너지 효율이 높은 전용 칩을 효율적으로 개발해야 하며, 따라서 3D 집적하는 기술이 필요합니다."

내가 답했다. 그리고 이런 설명을 덧붙였다.

"데이터 구동형 사회 Society 5.0을 창출하려면 고도의 컴퓨팅 기술이 요구됩니다.[5] 에너지와 더불어 일본에 가장 필요한 자원이지요. 컴퓨팅은 에너지 효율을 향상해야 한다는 과제를 갖고 있습니다. 이대로 가면 데이터 센터의 소비 전력은 10년 후에 10배로 확 오를 겁니다. 에너지 위기를 해결하지 않고서는 데이터 구동형 사회 역시 지속 가능한 발전이 불가능합니다.

에너지 위기의 원인은 사실 AI에 있습니다. 폭발적으로 늘어나는 데이터를 고도로 분석하기 위해 AI 계산량은 10년 동안 네 자릿수나 늘었습니다. 그런데 그 계산을 담당하는 범용 프로세서의 전력 효율은 10년 동안 한 자릿수밖에 개선되지 않았습니다.[6]

에너지 효율을 개선하는 테크놀로지는 반도체의 미세화와 3D 집적에 있습니다. 일본은 미세화 부문에서 세계 최첨단 기술보다 크게 뒤처졌기 때문에 해외에서 배워 와야 합니다.

그 대신 일본에는 3D 집적에 필요한 소재나 뛰어난 제조 장치 기술이 여기저기 흩어져 있습니다. 그러니 3D 집적에 필요한 핵심 기술을 파악해야 합니다. 3D 집적을 해서 데이터 이동 거리가 자릿수를 바꿀 만큼 크게 단축된다면, 데이터 이동에 소비되는 에너지를 대폭적으로 줄일 수 있을 겁니다.[7]

3D 집적을 하는 패키지 공정은 미세화를 하는 웨이퍼 공정과 비교도 되지 않을 만큼 적은 투자로 가능하기 때문에 3D 집적에 대한 투자 효과가 높아질 수밖에 없습니다.

한편, 설계 기술에서는 쓸모없는 회로를 없앤 전용 칩이 범용 칩보다 훨씬 더 에너지를 절약할 수 있습니다. GAFA(Google, Apple, Facebook, Amazon)나 테슬라 등에서는 이미 전용 칩을 개발하기 시작했습니다. 범용 칩의 시대는 자본 경쟁의 시대였는데, 전용 칩의 시대는 지식 경쟁의 시대입니다. 바꿔 말하면 설계 개발의 이노베이션이 요구되고 있습니다.

그런데, 전용 칩 개발은 점점 어려워지고 있어서 최근에는 설계자를 100명 모아도 1년이라는 기간과 100억 엔이라는 비용이 듭니다. 이만큼 긴 시간과 막대한 비용이 필요하면, 전용 칩에 대한 관심이 점점 사라지고 설계 인구도 감소합니다. 이미 일본은 그 관심과 능력을 잃어버리고 있으며, 이 상태로는 새 공장을 지어서 제조 능력을 갖춘다 해도 지금 바로 산업력을 강화하는 데는 도움이 되지 않을 겁니다.

AI 기술은 나날이 발전하고 있으며 소프트웨어는 다달이 업데이트됩니다. 디지털 경제에서는 하드웨어와 소프트웨어를 고도로 융합시켜 이노베이션을 창출하고 고속 사이클로 개량을 반복하는 것이 핵심이지만, 이 두 개의 개발 속도가 이 정도로 차이 나면 어려워질 수밖에 없습니다. 하지만 프로그램을 컴파일해서 칩을 자동 설계할 수 있는 실리콘 컴파일러가 생긴다면, 재빠르게 (애자일) 하드웨어를 개발할 수 있습니다.

물론 자동 설계된 회로의 성능은 설계자가 시간을 들여 최적화한 회로에 비하면 완성도가 80점 수준이겠지만, 그건 넘어갑시다. 80점으로 만족한다고 해두죠. '80대 20의 법칙'을 살려 개발 효율을 5배 높이는 것에서 부가 가치를 찾아내는 겁니다.

그와 더불어 설계 자산을 다시 이용해서 설계 규모가 폭발적으로 늘어나지 않도록 억제할 필요도 있습니다. 앞으로는 칩렛(Chiplet)이 중요해질 겁니다. 칩렛을 조합해 패키지 안에서 시스템을 완성시키는 거니까 이 점에서도 3D 집적은 핵심 기술이 되는 것이죠."

도쿄대의 움직임은 빨랐다.

먼저, 도쿄대의 캠퍼스에 사회와 협력을 맺는 센터 d.lab을 2019년 10월에 개설했다. d.lab의 'd'에는 디지털 기술로 한 사람 한 사람이 빛나는 시대(digital inclusion)에 데이터(data)를 중심으로 소프트에서 디바이스(device)까지 일관된 영역 특화형(domain specific) 시스템을 디자인(design)한다는 연구 취지가 담겨 있다. 또한 젊은 세대에게 기술을 물려주고자 학생 기숙사(dormitory)에 오피스를 만들었다.

이어서 11월에는 TSMC와 손을 잡고, 세계보다 한발 앞서 학교와 회사가 반도체 기술을 공동 연구하겠다고 발표했다. 공동 기자 회견에는 TSMC의 회장인 마크 리우와 연구 책임자이자 스탠퍼드대학의 교수인 필립 웡이 달려와 도쿄대 총장인 고노카미 마코토, 그리고 당시 부총장이자 현재 총장인 후지이 데루오 씨와 굳건히 손을 잡았다.

이듬해인 2020년 8월에는 제대로 된 정보 관리 체제하에서 산관학과 협력하는 기술연구조합 RaaS(라스)를 설립했다. RaaS는 최첨단 시스템 기술연구조합(Research Association for Advanced Systems)의 약자인데, Research as a Service를 목표로 하여 라스라고 불렀다.

현재 d.lab의 협찬사로 49개의 회사가 있으며, RaaS의 기획에 참가한 곳은 누적 총 12기업이다. d.lab과 RaaS는 에너지 효율 10배 및 개발 효율 10배라는 목표를 갖고 있다.

d.lab의 목표는 라피더스와 같다. 그리고 수단은 라피더스와 보완적이다. 즉, 에너지 효율 개선을 위해 라피더스는 미세화를 추구하고 도쿄대는 3D 집적을 추구한다. 또한 개발 효율을 개선하기 위해 라피더스는 제조 기간을 단축하고 도쿄대는 설계 기간을 단축한다.

03

More People
— 세계의 두뇌를 매혹시켜라

기술과 더불어 인재 육성이 매우 중요한 과제이다. 기술이 곧 사람인 것이다.

2022년 4월, 도쿄대는 반도체 민주화 거점인 'Agile-X(애자일 X)'라는 연구 거점을 개설했다. 애자일에는 '재빠르다', '민첩하다'라는 뜻이 있다.

전용 칩 개발에 필요한 기간과 비용을 1/10로 단축할 수 있는 개발 플랫폼을 구축하여 세계의 두뇌를 매혹시킨다. 그 결과, 전용 칩을 설계하는 인구가 10배 늘어나면 반도체를 민주화할 수 있다. 이것이 애자일 X의 목표다.

민주화를 이루고자 하는 배경에는 '집단 뇌'라는 사고가 있다. 더 많은 이들의 아이디어가 뒤섞이는 곳에서 이노베이션이 생겨난다는 발상이다.

예컨대, 남태평양의 섬에서 어업에 쓰는 도구 종류와 섬의 인구 사이에는 강한 상관관계가 존재한다. 바꿔 말하면, 인구가 많은 섬일수록 사용하는 도구의 종류도 많다.

마찬가지로 호모사피엔스가 네안데르탈인에 비해 뇌의 부피가 작았는데도 다양한 도구를 발명하고 이용한 이유도 호모사피엔스가 더 큰 집단을 형성했기 때문이라고 설명된다.

더 많은 사람이 자신의 칩을 개발할 수 있게 된다면, 더 많은 이노베이션이 생겨날 것이다. 이런 사상 아래 반도체의 민주화 운동이 세계에서 조용히 시작되고 있다.

TSMC 회장 마크 리우는 2021년 국제회의 ISSCC(국제고체소자회로회의)에서 기조강연을 이렇게 마무리했다.

"이노베이션은 아이디어가 자유롭게 흘러 다닐 때 생깁니다. 아이디어는 사람들에게서 나오지요. 더 많은 사람이 자신의 반도체를 얻었을 때 이노베이션은 민주화됩니다."

1959년에 물리학자 리처드 파인만이 강연에서 "There's plenty of room at the bottom.", 즉 "나노 스케일 영역에는 아직 흥미로운 것이 많이 있다."라고 말한 것을 계기로 세상은 미세 디바이스에 파고들었다. 이윽고 마이크로 일렉트로닉스가 탄생했고, 나노 일렉트로닉스가 발전하게 되었다.

미세화의 한계에 가까워지는 가운데, 최대한 미세화를 거듭해 무어의 법칙을 추구한다는 'More Moore' 연구가 지금도 이어지고 있다. 최근에는 미세화 대신 새로운 가치를 만들자는 목표로 'More than Moore' 연구도 시작됐다. 3D 집적 연구는 투자 효과가 높기 때문에 세계 곳곳에서 투자가 계속되고 있다.

나는 파인만의 말을 곱씹으며 "There's plenty of room at the TOP" 이라고 말할 것이다(파인만이 공정 미세화를 Bottom으로 표현한 것에 대비해 무어 법칙이 한계에 도달한 지금 '반도체 아키텍처, 소프트웨어, 알고리즘에서 아직 흥미로운 것이 많이 남아 있음'을 표현한 말 – 역자).

트랜지스터 집적도가 1,000억 개가 넘는 칩의 실현이 코앞으로 다가왔다. 인텔의 CEO인 팻 겔싱어는 2030년까지 패키지 안에 1조 개의 트랜지스터가 집적될 것이라고 예언했다. 더 많은 사람이 참가해서 이노베이션을 만들어낼 수 있도록, More People의 연구가 중요해질 것이다.

거대 기업만이 전용 칩을 개발할 수 있는 이유는 산업 시스템이 공업화 사회의 대량 생산에 최적화되어 있기 때문이다.

지가 사회(知価社會, 지혜가 가치를 만들어내는 사회라는 신조어 – 역자)에서는 가격 대비 성능(코스트 퍼포먼스)보다 시간 대비 성능(타임 퍼포먼스)이 중요해질 것이다. 시간은 돈이니까 시간 대비 성능은 가격 대비 성능을 내포한다.

연구자는 신속한 가치를 누구보다 잘 아는 사람이다. 논문 발표는 1분 1초를 다툰다. 타임 퍼포먼스가 좋은 반도체를 통해 연구자가 더욱 과학 발전에 이바지할 수 있게 해야 한다.

반도체의 민주화를 추진해서 세계의 두뇌를 매혹시켜라. 동일한 파이를 서로 빼앗는 것이 아니라, 파이를 키워야 한다.

인재 육성은 아카데미아의 역할이다. 인재야말로 다음 시대의 자본이며 미래를 열 것이다.

일본은 More Moore를 세계에서 배우고, More than Moore와 More People로 세계에 공헌할 수 있다.

또한 일본에 고도의 컴퓨팅 인프라를 구축해야 한다. 기존의 비트와 더불어 양자 비트와 뉴런을 하이브리드로 조합하고, 나아가 소프트웨어와 하드웨어를 융합함으로써 고도의 계산 능력을 갖추어 전국에서 액세스할 수 있는 통신망을 정비한다. 이것이 총력을 다해 만들어야 할 디지털 사회의 인프라다.

04

반도체의 숲
ㅡ공생과 공진화

반도체는 전략 물자다. 기술 패권을 둘러싼 장대한 게임의 승자는 누구인가. 지정학 리스크는 한층 더 높아지고, 세계의 전망은 더욱 더 불투명해질 뿐이다.

패권 다툼이 아니라 민주화가 이루어져 반도체를 세계의 공통 자산, 인류 공유의 재산으로 삼고 다양한 칩을 만들어내어 세계가 번영하도록 이끌 수는 없을까?

그 답의 힌트는 지구의 다양성에 잠들어 있는 것 같다. 백악기(약 1억 4,500만 년 전~660만 년 전) 이전에는 생물의 종류가 현재의 1/10밖에 되지 않았다.

하지만 꽃의 탄생이 지구를 완전히 뒤바꿔 놓았다.[8]

꽃이 곤충에게 꽃가루를 주는 대신 곤충에게 옮기게 한 것이다. 그전까지 식물은 일방적으로 먹히기만 했다. 하지만 식물이 곤충을 이용하는 대전환이 일어났다.

꽃은 곤충을 불러 모으기 위해 오색 빛깔을 뽐냈고, 곤충은 꽃 모양의 변화에 맞춰 비상 능력을 높였다. 서로가 서로를 진화시키는 공진화(共進化, coevolution)가 펼쳐진 것이다.

이렇게 해서 숲이 울창해지고 꽃으로 모이는 곤충을 먹는 포유류가 다양해졌고, 꽃이 만드는 열매로 영장류가 진화했다.

이윽고 꽃은 새로운 능력을 익혔다.

세대 교대가 가속화되었다. 수분에서 수정까지 필요한 시간을 1년에서 단 몇 시간으로 줄였다. 이것이 모든 생물의 진화 속도에 날개를 달게 했다.

$$y=a(1+r)^n$$

복리 계산식이다. r이 이율이고 n이 운용 횟수. 원금인 a가 작아도 길게 운용하면 미래 가치가 커진다.

n을 1/t로 치환하면, 디지털 경제의 기본식이 된다. t는 개발의 사이클 타임이다. 이 식은 칩의 성능 향상이나 회사의 성장에도 적용할 수 있다. 바꿔 말하면, 고속 사이클로 여러 번 개량을 반복하는 것이

디지털 경제의 성장 전략이라는 것이다. 개선율(r)보다 개량 횟수(n)를 늘리는 것, 다시 말해 개발의 사이클 타임(t)을 짧게 줄이는 것이 중요하다.

그래서 애자일인 것이다.

생물들은 치열한 생존 경쟁을 펼치는 한편, 종을 뛰어넘어 복잡하게 얽히고설켜 상부상조하며 살아 왔다. 공생(共生)과 공진화(共進化). 그 열쇠를 애자일이 쥐고 있었다고 할 수 있다.

식물을 칩에, 곤충을 칩 유저에, 숲을 에코 시스템에 대입해서 읽어 보면 어떨까? 경쟁에서 공생과 공진화로 방향을 튼 반도체의 '꽃'은 무엇일까?

◇◇

'헤이안 홀'에서 파티가 무르익을 무렵, 사회자의 아바타가 바이올리니스트 하카세 다로를 무대로 불렀다. 사람들의 스마트폰 안에서 수천 억 개의 반도체 스위치가 수억 번 켜졌다 꺼졌다.[9]

"〈어나더 스카이〉를 연주하겠습니다. 비행기에도 반도체가 많이 사용되죠."

하카세 다로는 그 말로 객석의 웃음을 끌어냈다.

나는 〈랩소디 인 블루〉를 들으면 하늘 여행을 떠올리는데, 이때는 이 2개월 동안 분주했던 해외 출장의 나날들이 떠올랐다.

9월 19일: 벨기에에서 imec 대표인 루크 반 덴 호브와 협의

9월 24일: 뉴욕 IBM 연구소에서 소장 다리오 길과 협의

9월 26일: 알바니(Albany)의 나노테크 콤플렉스에서 IBM의 무케시 카레 등과 의견·정보 교환

9월 28일: 프린스턴대학에서 연구 교류

10월 5일: 캘리포니아대학 버클리 캠퍼스에서 연구 교류

10월 6일: 로렌스 버클리 국립 연구소에서 연구 교류

10월 10일~14일: 일본 정부의 미국 사절단 일원으로 상무성(DOC) 등을 방문

10월 31일: SEMI의 국제회의 ITPC에서 인재 육성에 관한 패널 토론에 참가

11월 7일: imec 테크놀로지 포럼에서 d.lab과 imec의 제휴를 발표

11월 29일: 쓰쿠바의 TSMC 재팬 3DIC 연구개발센터를 d.lab 협찬사 회원과 방문

오늘 밤 '헤이안 홀'에 모인 사람들과 이 2개월 동안 몇 번이나 만나 의견을 교환했다. 협조를 위한 네트워크 구축이 급선무였다.

옆에 앉아 있던 경제산업성의 가나자시 히사시 과장이 이렇게 말하며 자리를 떴다.

"오늘은 상무성(DOC)과 회의가 있어서 먼저 실례하겠습니다."

"수고하셨습니다."

눈앞에서 하카세 다로가 〈정열 대륙〉을 연주했다.

드디어 시작이다.

◇◇

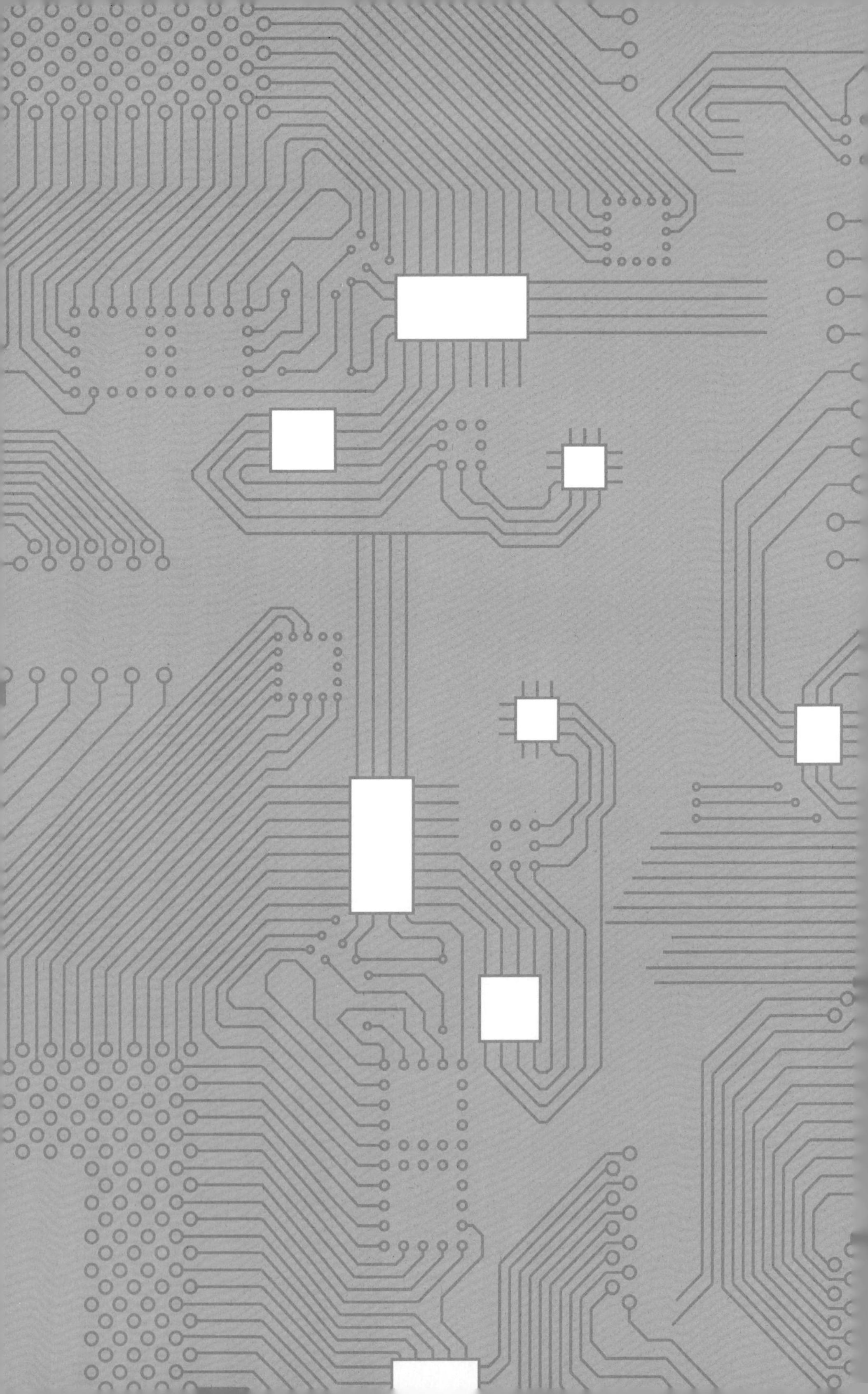

02

권토중래

捲土重來

전쟁에서 졌지만 다시 힘을 길러 돌아온다

[Game Change]

01

반도체 전략
―선선(先先)의 선(先)

게임 체인지

2021년 6월, 경제산업성(한국의 산업통상자원부, 중소벤처기업부에 해당하는 행정 조직 – 역자)이 반도체 전략을 발표했다. 그중에 '일본의 조락(凋落)'이라는 제목의 자료가 한 장 있었는데, 1988년에 50%였던 일본 기업의 세계 점유율이 내리막길을 타고 내려가듯 일직선으로 하락하더니, 지금은 10%밖에 되지 않는다는 내용이었다. 국민들은 이 부분에 주목했다.

이 30년 사이에 세계의 반도체는 연 5%가 넘는 고도성장을 이어왔는데, 그에 비해 일본은 제자리걸음이었다. '이러다 일본 점유율은 거의 0%가 되는 거 아니야?'라는 말이 나올 수 있을 것 같다. 한편 세계 시장은 앞으로 디지털 혁명의 순풍에 힘입어 연 8%까지 급성장하고, 2030년에는 현재보다 2배 많은 100조 엔을 돌파할 기세다.

반전 시나리오는 있을까?

반도체 전략을 한마디로 요약하면, '미세화 기술에 적극 투자하라'다. 하지만 정석만으로 잃어버린 30년을 되돌리기란 어렵다. 경쟁의 무대에서 제2막을 예견하고 선행 투자를 하는 것도 필요하다. 검도 용어로 '선선(先先)의 선(先)'을 친다(상대가 타격하려는 걸 미리 알아채고 선제공격을 하는 것 – 역자)고도 한다.[10]

현재의 복잡한 정세를 해석하기 위해서는, 이런 움직임을 만들어내는 세 가지 변화를 이해해야 한다.

첫 번째는 산업의 주인공이 바뀌었다는 점이다. 로직 반도체는 주된 싸움터를 인텔 등 칩 제조사가 개발하는 범용 칩에서 GAFA 등 칩 유저가 개발하는 전용 칩으로 옮기려 하고 있다.

미국의 유력 벤처 캐피털 25개사가 2017년부터 3년 동안 투자한 안건을 살펴보자. 놀랍게도 메모리보다 전용 칩과 AI 칩에 9배나 더 많은 투자를 집중했다. 바야흐로 전용 칩의 시대가 온 것이다(그림2–1).

애초에 반도체 사업은 범용 칩을 규격 대량 생산하는 것이 지름길이었지만, 과거 1985년부터 2000년경에는 전용 칩을 특별 주문받아 소량 생산하던 시대도 있었다. 범용 칩 사이에 흩어져 있는 로직을 전용 칩 하나에 모음으로써 제품의 제조 비용을 줄일 수 있었기 때문이다.

하지만 전용 칩은 개발비가 든다. 그런 이유로 미국의 대학에서 컴퓨터를 이용한 자동 설계 기술이 잇따라 생겨났다. 그런데 15년이 지나자 무어의 법칙 때문에 집적도는 3자리나 늘어났고, 이내 설계가 따라가지 못하게 되었다. 이리하여 전용 칩의 시대는 막을 내렸다.[11]

현재 다시금 게임 체인지가 일어나는 배경에는 에너지 위기가 있다. 폭발적으로 늘어나는 데이터를 AI로 분석하려면 방대한 에너지가 필요하다. 쓸모없는 회로를 깎아내서 자릿수가 달라질 정도로 에너지를 절약할 수 있는 전용 칩을 범용 칩보다 더 원하고 있는 것이다.

[그림 2-1] 데이터 사회의 에너지 위기, 무어의 법칙이 감속하면서 전용 칩의 시대가 온다

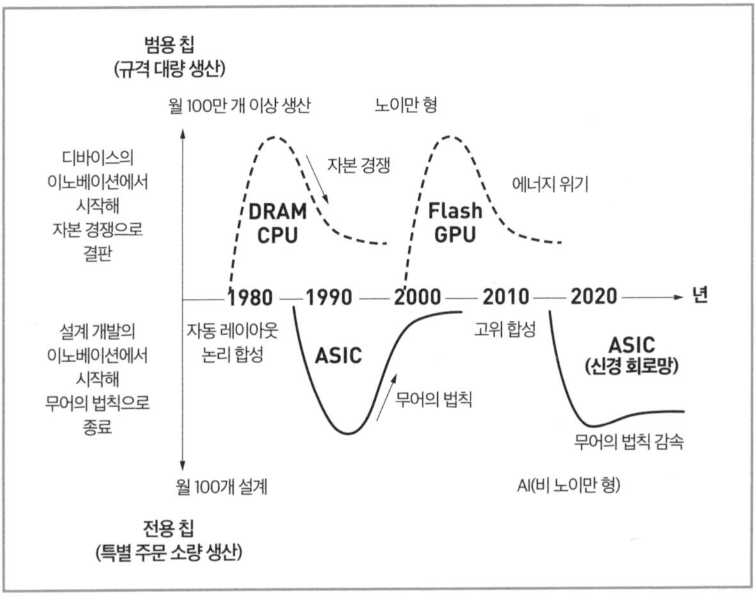

(주) ASIC: Application Specific Integrated Circuit
(출처) T.Kuroda, ISSCC 2010 Panel Discussion, "Semiconductor Industry in 2025"

전용 칩(하드웨어)으로 AI 처리 속도를 높이고, 다양한 기능은 범용 칩(소프트웨어)으로 처리한다. 다시 말해 둘을 적정히 안배하는 것이 녹색 성장에 빠질 수 없다.

패러다임 전환

두 번째 변화는 시장의 파도다.
25년마다 큰 파도가 반도체 시장으로 밀려들어 온다. 지금이 딱 그 시기다. 1970년부터 1995년까지 가전제품, 1985년부터 2010년까지 컴퓨터, 그리고 2000년부터 2025년까지 스마트폰. 일본은 첫 파도를 인식했지만, 두 번째와 세 번째 파도에 올라타지 못했다. 네 번째 파도를 대비하는 것이 중요하다.

가전제품은 아날로그 기술로 '물리적인 공간'을 편리하게 만든다. 반면, 컴퓨터는 디지털 기술로 '사이버 공간'을 만들어내고, 스마트폰은 무선 네트워크 기술로 사이버 공간을 손에 들고 다닐 수 있게 해 준다.

지금 밀려드는 네 번째 파도는 센서와 AI와 모터를 이용해서 사이버 공간과 물리적 공간을 높은 수준으로 융합시켜 경제 발전과 사회적 과제를 해결하고자 한다. 즉, '디지털 트윈'을 이용한 인간 중심 사회, 'Society 5.0'을 창출하는 것이다. 자동차나 드론 등의 이동 로봇을 포함하는 로봇 공학이 좋은 예이다.

미래학자 한스 모라벡에 따르면 현재 로봇 공학의 지능 수준은 쥐 정도이지만, 2030년에는 원숭이 수준으로 진화하고 2040년에는 인간 수준에 도달한다고 한다. 지능형 로봇이 이동, 물류, 서비스를 비롯하여 의료, 간호, 엔터테인먼트까지 새롭게 바꾸는 것이다.

그야말로 인구 감소, 에너지 문제 등 해결해야 할 과제가 많은 '과제 선진국' 일본이 세계를 선도할 수 있는 시장이다. 물리적 공간을 세밀하게 조정하고 마무리하는 부분에서 일본의 특기를 살려 힘을 발휘할 수 있다.

물론 네 번째 파도는 여기서 멈추지 않는다. 발상력이 시험대에 오르고, 그와 동시에 아이디어를 곧장 칩에 장착하는 신속한 개발력이 필요하다.

그리고 세 번째 변화는 기술의 패러다임 전환이다.

1950년대의 컴퓨터는 연산기 사이사이를 잇는 선을 바꿔서 프로그램을 하는 '결선(배선) 논리(wired logic) 방식(AND회로, OR회로, 인버터 등의 논리 회로를 조합하여 소정의 논리 기능을 구성하는 방식-역주)'이었다. 이 방식에는 결점이 두 가지 있는데, 처리할 수 있는 프로그램의 최대 규모가 미리 준비한 하드웨어의 규모로 제약되는 '규모 제약 문제', 그리고 시스템의 규모가 커지면 접속 수도 방대해지는 '대규모 시스템의 접속 문제'다.

그래서 수학자 폰 노이만은 처리 대상의 데이터와 데이터 이동 및 연산을 지시하는 명령을 메모리에 입력해 두고, 프로세서가 이 명령

[그림 2-2] 노이만 형에서 신경 회로망으로

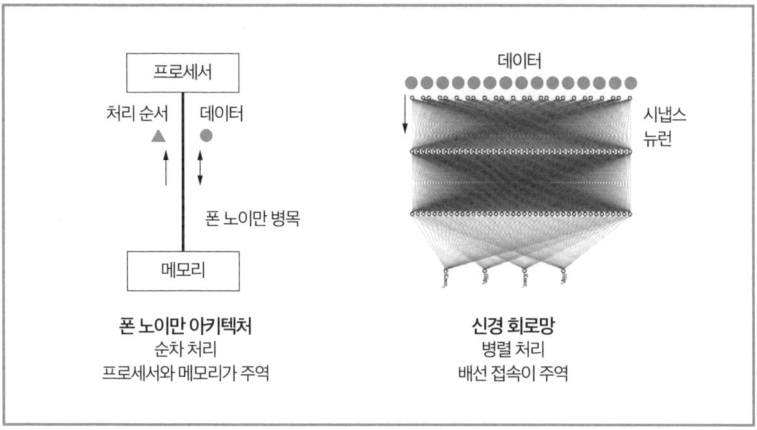

(출처) 필자 작성

을 차례로 해석해서 연산 처리를 하는 '프로그램 내장 방식(폰 노이만 아키텍처)'을 발명했다. 이것은 여러 개 준비한 연산기를 물리적으로 연결하는 것이 아니라, 연산기 하나에 사이클마다 다른 명령을 실행시킴으로써 규모가 제약되는 문제를 해소하는 획기적인 방식이다.

한편 '대규모 시스템의 접속 문제'를 다양한 각도에서 검토하던 중, 전자 기술자 잭 킬비가 1958년에 발명한 것이 집적회로(IC)다. 포토 리소그래피를 이용해 칩 한 장에 소자를 집적해서 일괄 배선함으로써 이 문제를 보기 좋게 해결했다.

이 두 가지 기본 방식이 반세기 이상 이어졌지만, 지금 패러다임의 전환이 일어나려 하고 있다.

하나는 폰 노이만 아키텍처에서 신경 회로망(뉴럴 네트워크)으로 전환하는 것이다(그림2-2). 프로세서와 메모리 사이를 데이터가 왔다 갔다 해서 착실하게 순차 처리하는 대신, 신경 회로망에서는 데이터가 매끄럽게 흘러 한꺼번에 병렬 처리한다. 그 결과, 에너지 효율이 대폭적으로 개선된다.

컴퓨터가 폰 노이만 아키텍처일 때는 프로세서와 메모리가 대량으로 팔렸지만, 앞으로는 AI 처리용 신경 회로망을 탑재한 전용 칩 시장이 발전할 것이다. 이렇게 되면 주역이 프로세서와 메모리에서 신경 회로망의 배선 접속으로 옮겨 간다. 그것은 뇌간(腦幹, brainstem), 소뇌에서 대뇌로 생물이 진화한 것과 매우 흡사하다.

인간의 뇌는 생후 50조 정도였던 시냅스가 초등학교에 들어가기 전까지 20배로 늘어난다. 그 후 학습을 거듭하면서 별로 쓰일 일이 없었던 시냅스를 제거하여 마지막에는 군더더기 없이 효율적인 뇌 회로가 완성된다(뇌과학에서는 시냅스 가지치기, Synaptic pruning이라고 한다 – 역주). 즉, 미완성으로 태어나서 여러 놀이를 거쳐 크게 자라고, 학습을

[그림 2-3] 미세화에서 3D 집적으로

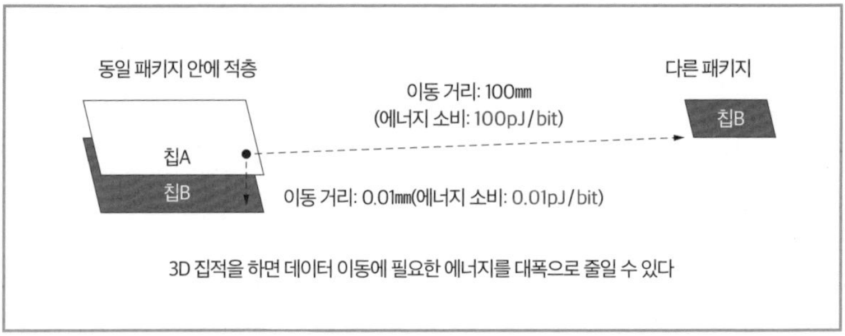

통해 효율을 높이는 것이다. 신경 회로망도 이와 비슷한 과정을 밟는다. 기계 학습에서도 신경망의 일부를 제거하는 기법이 현재 활발하게 연구되고 있다.

또 다른 패러다임 전환은 미세화에서 3D 집적으로 전환하는 것이다(그림2-3).

마침내 미세화가 한계에 가까워지고 있다. 3D 집적을 하면 데이터 이동에 필요한 에너지를 차원이 다르게 줄일 수 있다. 마치 과거에 데이터를 구하러 국회 도서관까지 갔었는데, 지금은 바로 손 닿는 위치에 데이터가 있는 것과 마찬가지다.

이렇게 우리는 1950년대에 가졌던 두 가지 근원적 문제에 지금 다시금 도전하게 되었다. 무어의 법칙이 마침내 마지막 장을 맞이하는 가운데, 기존 기술의 연장이 아니라 파괴적 기술을 활용하여 문제를 해결할 기회가 찾아온 것이다.

녹색 성장 전략

여기까지 했던 고찰로 보면 알 수 있겠지만, 다양한 변화의 근원에는 에너지 문제가 있다. 에너지 효율을 높이기 위해 범용 칩에서 전용 칩으로 산업의 주역이 바뀌고, 폰 노이만 아키텍처에서 신경 회로망으로 아키텍처가 새로워지며, 미세화에서 3D 집적으로 기술 체계가 바뀌려 하고 있다.

동시에 사회는 자본 집약형인 공업화 사회에서 지식 집약형인 지가 사회(知価社会)로 진화한다. 트랜지스터를 대규모로 집적해서 저렴하게 만든 칩보다는, 대량의 데이터를 에너지 효율이 높게 처리할 수 있는 능력과 이를 살려 창조해내는 우수한 서비스로 가치가 옮겨가는 것이다.

단, 앞으로는 탄소 중립 규제가 중요해질 전망이다. 에너지 소비를 적극적으로 줄여야만 한다. 당연히 지금까지 해 왔던 탐욕(greedy) 성장 전략에서 녹색 성장 전략으로 큰 전환이 필요하다(그림2-4).

[그림 2-4] 탐욕 성장에서 녹색 성장으로

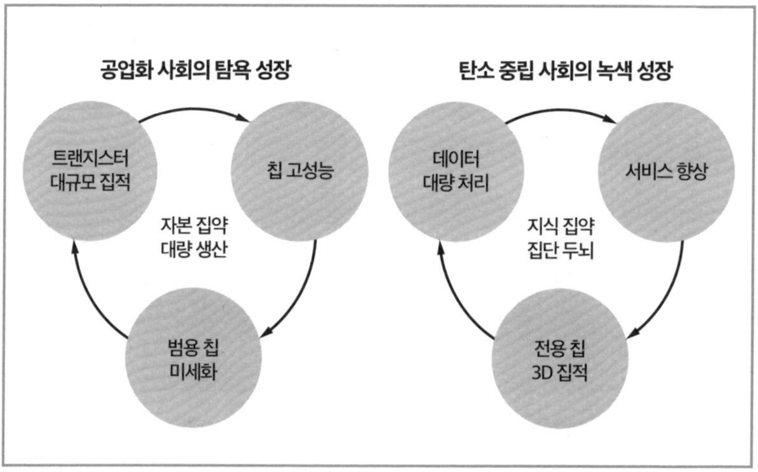

(출처) 필자 작성

녹색 성장 전략에서 '3개의 화살'은 3D 집적의 핵심 기술 창출과 전용 칩을 애자일하게 개발할 수 있는 플랫폼 구축, 그리고 국내에 뿌리 내리고 군생하는 산업 에코 시스템의 보전이다.

에너지 효율 개선 없이 성장은 없고, 개발 효율 개선 없이 전용 칩은 없다. 그러니까 앞으로는 시간 대비 성능을 추구하는 것이 최우선 과제이다. 물론 시간은 돈이니까 기존의 가격 대비 성능을 내포한다.

영국 전 수상인 윈스턴 처칠은 국난을 두고 다음과 같이 발언했다.

'눈앞에 다가온 곤경이나 큰 문제에 정직하게 부딪칠 것. 그러면 그 곤경이나 문제는 생각했던 것보다 훨씬 더 작다는 사실을 알 수 있다. 하지만 거기서 도망치면 곤경은 2배로 커져서 다시 찾아올 것이다.'

인텔을 창업한 로버트 노이스는 이렇게 말했다.

'이노베이션을 일으키기 위해서는 낙천적이어야 한다. 위험을 두려워하지 않고 변화를 추구하며 안주의 땅을 나와 모험을 떠나는 것이다.'[12]

반도체 시장에서 일본 시장 점유율을 반전시키겠다는 각오와 낙관을 가지고 오늘부터 시작한다.

02

범용 칩에서 전용 칩으로
—반도체 산업의 게임 체인지

범용 칩의 시대와 전용 칩의 시대

범용품은 규격화된 대량 생산으로 저렴한 가격이 가능하기 때문에 널리 보급된다. 한편, 전용품은 가격은 비싸지만 뛰어난 성능이나 품질, 신뢰성을 제공할 수 있다. 반도체 사업은 범용 칩이 주역이다. 연간 50조 엔의 시장에서 2조 개의 칩이 생산되고 있고, 평균 단가는 고작 25엔이다. 1조 엔을 투자해 건설한 최신 공장에서 출하된 최첨단 칩도 몇백 엔에 팔린다. 박리다매 사업인 것이다. 범용 칩이 대량으로 팔리는 주된 이유는 컴퓨터가 폰 노이만 아키텍처를 채용하기 때문이다.

처리 순서와 데이터를 메모리에서 읽어내고, 프로세서가 그 순서를 따라 처리한 데이터를 메모리로 되돌린다. 이것을 순차 반복하면 아무리 복잡한 처리도 실행할 수 있고, 처리 순서 즉 프로그램을 바꾸면 어떤 처리도 실행할 수 있다. 다시 말해 컴퓨터 발전의 시나리오는 프로세서와 메모리를 대량 생산해서 하드웨어를 보급시키고 소프트웨어를 다양한 용도로 이용하는 것이다. 그리고 반도체 사업의 왕도(王道)는 프로세서와 메모리를 저렴한 값으로 대량 공급하는 것이다.[13]

빅 데이터의 이용과 활용이 시작되면 센서가 여기에 추가될 것이다. 이 사업 전략은 자본 경쟁이다. DRAM이나 플래시 메모리, 혹은 CPU나 GPU 등의 칩이 발명되어 그것을 큰 사업으로 인식하거나 거대 자본이 투입되면 금세 과당 경쟁이 일어나 업계 재편 끝에 과점화된다. 일본은 디바이스 혁신에서는 이겼지만, 자본 경쟁에서 패했다.[14]

반면, 전용 칩이 성공한 시대도 있었다. 1985년부터 2000년에 걸쳐 ASIC(특정 용도를 위한 집적회로)이 큰 시장을 만들었다. 프로세서나 메모리를 서로 접속하기 위한 논리 회로는 시스템마다 다르다. 처음에는 표준 로직 칩을 조합해서 실현했지만, 그것들을 ASIC에 집적함으로써 시스템의 비용이나 면적을 줄일 수 있었다.

게다가 컴퓨터를 이용한 설계 기술(CAD)을 구사해서 개발 비용과 시간을 대폭적으로 줄일 수 있었던 것이 ASIC으로 수익을 올릴 수 있었던 큰 요인이다. 과거 복잡한 칩의 설계에는 100명 이상의 설계자가 1년 이상의 시간을 소요했다. 하지만 CAD를 사용해서 설계자 한 명이 1개월 동안 설계할 수 있게 되었다.

1980년대에 레이아웃이나 논리를 자동 생성하는 기술이 캘리포니아대학 버클리 캠퍼스를 중심으로 연구 개발되었고, 툴 벤더도 탄생했다. 게다가 이지 오더(양복 디자인의 견본을 보고 선정하면 고객의 몸 치수에 맞게 제작해서 제공하는 방식-역주)로 양복을 만들듯이, 반완성된 칩을 제조해 두고 마지막에 배선을 맞춤으로 하는 이지 커스텀 제조 방식도 개발되었다. 이러한 설계 개발 이노베이션으로 개발 효율은 단숨에 3자리가 올라갔다.

하지만 15년 후에는 무어의 법칙으로 집적도가 3자리 늘어나게 되어, 컴퓨터를 이용해도 예전보다 더 많은 인원과 시간이 들게 됐다. 그 결과 ASIC 사업은 채산성이 낮아져 끝을 맞게 됐다.

이처럼 범용의 시대는 디바이스 혁신으로 막이 오르고, 자본 경쟁 끝에 막이 내린다. 한편, 전용의 시대는 설계 개발의 혁신으로 막이 오르고, 무어의 법칙으로 막이 내린다.[15]

게임 체인지 - GAFA가 전용 칩을 개발하기 시작하다

이제 게임 체인지가 일어나고 있다. 인텔이나 퀄컴 등 반도체 전업 메이커에서 범용 칩을 조달하고 있으니 경쟁에 이길 수가 없다. 그렇게 느낀 GAFA 등 거대 IT 기업이 전용 칩을 자사에서 개발하고 나섰다.

그 배경에는 세 가지 이유가 있다.

첫 번째 이유는 데이터 사회 특유의 '에너지 위기'이다. 데이터가 급증하고 AI 처리가 고도화하면서 에너지 위기에 직면하고 있다. 현재 기술로는 친환경 대책이 전혀 되고 있지 않다고 가정하면, 2030년에는 IT 관련 기기만으로 현재의 총 전력보다 2배 가까운 전력을 소비하고, 2050년에는 약 200배가 될 것으로 예상된다. 디지털 트랜스포메이션을 하기 위해 막대한 에너지를 소비하고, 결국 지구 환경을 파괴한다면 지속 가능한 미래를 기대할 수 없다.

칩의 소비 전력은 과거에는 0.1와트 정도였다. 이상적인 스케일링(미세화) 시나리오에 따른다면 전력 밀도를 일정하게 유지한 채로 성능 대비 비용 간의 비율을 개선해야 한다. 하지만 실제로는 성능 개선을 우선한 결과, 전력은 15년 동안 1000배 늘어났고, 2000년에는 100와트에 도달했다. 칩의 전력 밀도는 조리용 핫플레이트의 30배를 넘었고, 클라우드 서버의 냉각에 막대한 전력이 소비되고 있다.

그리고 반도체가 냉각의 한계치를 넘어설 정도로 집적화되어 있으면 동시에는 쓰지 못하는 트랜지스터가 늘어난다. 7nm(나노미터) 세대에서는 전체 중 3/4을, 5nm 세대에서는 전체 중 4/5의 트랜지스터를 동시에 사용할 수 없다. 이러한 제약 아래에서는 에너지 효율을 10배 높인 사람만이 컴퓨터를 10배 더 고성능으로 쓸 수 있고, 스마

트폰을 10배 더 길게 쓸 수 있게 된다.[16]

온갖 태스크를 소화하는 범용 칩에 비해 쓸모없는 회로를 깎아낸 전용 칩은 에너지 효율을 10배 이상으로 높일 수 있다.

전용 칩 개발에 나선 두 번째 이유는 AI의 출현이다. 신경 회로망과 심층 학습은 데이터를 가진 자에게 정보 처리의 새로운 방법을 선사했다. 신경 회로망은 우리의 뇌와 마찬가지로 배선 접속이 기능을 제공하는 배선 논리(wired logic) 방식이다. 순차 처리를 하는 폰 노이만 아키텍처에 비해 병렬 처리로 전력 효율을 10배 이상 높일 수 있다.

세 번째 이유는 분업화가 진행된 산업 구조다. TSMC 등의 파운드리가 세계의 공장이 되고, 유저 스스로가 AI의 성능을 최대한 끌어낼 수 있도록 사업 모델에 맞는 반도체 칩을 자사에서 개발할 수 있게 되었다. 대량의 칩을 사용하는 IT 플랫폼이라면 그렇게 하는 편이 반도체 벤더에게 받는 것보다 빠르고 저렴하며, 더 고성능의 칩을 조달할 수 있다.

지식 집약형 사회 속의 제조업을 생각하다

앨런 케이가 "소프트웨어에 진심인 사람들은 직접 하드웨어를 만들게 될 것이다."라고 말한 적이 있다. 시스템 개발에는 하드와 소프트가 둘 다 필요하다.

분주한 제어가 요구되는 논리적이면서 계산적인 정보 처리에는 폰 노이만 아키텍처의 범용 칩을 사용하고, 고도의 AI가 요구되는 직관적이면서 공간적인 정보 처리에는 전력 효율이 높은 전용 칩을 사용한다. 이러한 새로운 아키텍처의 탐구가 시작되고 있다.

물론 범용 칩과 전용 칩은 가격과 성능 간에 트레이드오프가 존재한다. 즉, 가격이 쌀 경우 성능이 떨어지고, 성능이 좋으면 비싸다. 정보 통신 분야를 예를 들어 보자. 정보 통신 분야에서 인프라 구축하는 양은 많지 않기 때문에 필요로 하는 하드웨어 수량이 적다. 그래서, 가상화 기술을 활용함으로써 최대한 범용 하드웨어로 기능을 실현하려고 한다. 한편, 비교적 많은 양이 요구되는 에지(edge, 말단)에서는 전용 칩으로 성능을 높여서 데이터의 지산지소(地産地消, 생산되는 곳에서 소비한다는 뜻-역자) 를 추진하려고 한다.

전용 칩에서는 자본력이 아니라 높은 학문이 요구된다. 예전에 캘리포니아대학 버클리 캠퍼스가 레이아웃이나 논리의 자동 생성 기술을 창출했듯이, 기능이나 시스템을 자동 생성하는 학문의 창출이 요구되고 있다. 대학이 짊어진 역할이 커지고 있다.[17]

20세기는 '범용'의 시대였다. 전쟁이 끝난 후 물량 숭배와 경제 효율 예찬 아래 규격화된 제품의 대량 생산이 경제 성장을 견인했다. 이윽고 사회가 점점 무르익자, 전체의 성장에서 개인의 만족으로 가치가 전환되었다. 그 결과, 공업 사회는 막을 내리고 지가 사회가 시작됐다. 이 변화가 선진국에서 개발도상국으로 퍼지는 과정에서 일본은 규격 대량 생산을 멈추지 않았기 때문에 일시적으로 번영했지만, 이내 아시아 여러 나라의 뒤꽁무니를 쫓게 되었다.

이번 세기는 '전용'의 시대가 될 것이다. 자본 집약에서 지식 집약으로, 규모에서 지혜로, 양적 확대에서 질적 발전으로, 물질에서 정신으로, 편리에서 즐거움으로, 제품에서 서비스로, 대량에서 다양으로, 획일성에서 개성으로, 누구나 할 수 있는 것에서 남들은 할 수 없는 것으로 가치는 옮겨 간다.

그때 제조업은 어떻게 될 것인가? 그 정답을 찾는 것이 우리들의 사명이다.

03

산업의 쌀에서 사회의 뉴런으로
―포스트 코로나 시대의 반도체

방대한 에너지를 소비하는 원격 사회

미국에 사는 친구가 숲속에 집을 짓고 재택근무를 하고 있었다. EDA(전자설계자동화) 툴을 개발하는 일을 하니까 컴퓨터와 인터넷만 있다면 어디서든 일을 할 수 있는 것이라 생각했다. 그러는 차에 신종 코로나가 발생했다.

신종 코로나 바이러스의 확산은 원격 사회의 문을 열었다. 온라인 회의는 생각보다 더 유용했다. 3명 이상이라도 서로 이야기하는 데

불편함이 없다. 3,000명이 모이는 국제회의도 온라인으로 열렸다.

나는 우연히도 2005년에 교토에서 개최한 국제회의 VLSI 심포지엄의 만찬회에서 프로그램 위원장으로서 이렇게 인사를 한 적이 있다.

"여러분, 상상해 보시죠. 미래에 우리는 인터넷으로 국제회의를 열게 될지도 모릅니다. 연구 발표도 패널 디스커션도, 복도에 서서 나누는 이야기도 온라인으로 이루어집니다. 여러분은 집에서 참가할 수 있죠."

"연회도요……?"

"피자는 배달시키고 냉장고에서 맥주를 꺼내 오고……. 그건 왠지 멋이 없네요."

"오늘 밤은 교토 향토 요리와 술을 음미하며 옛 친구와 마음을 터놓고 얘기해 보세요."

"건배!"

지금, 국제회의의 주최자는 그야말로 판도라의 상자가 열렸다며 걱정 어린 얼굴이다. 온라인 술자리까지 등장했으니 말이다.

디지털 트랜스포메이션 데이터 구동형 서비스는 급격히 늘어난 빅데이터와 AI 처리의 고도화가 뒷받침해 준다. 그리고 이 사실이 사회의 에너지 소비를 폭발적으로 늘어나게 했다.

앞서 말했듯이 2030년에는 현재의 총 전력보다 2배 가까운 전력이 IT 관련 기기만으로 소비될 것으로 예측된다. 게다가 2050년이 되면 총 전력 소비량은 현재보다 약 200배 늘어날 것이라는 전망도 있다.

그 이유 중 하나는 통신 데이터의 급증이다. IP 트래픽이 2016년에는 연간 4.7ZB였지만 2030년에는 4배인 17ZB로 늘고, 2050년에는 4,000배인 2만 200ZB로 증가할 것으로 예상된다. ZB라는 것은 10^{21}바이트를 의미한다. 2050년에는 4GB의 DRAM 칩이 실제 5,000조개 필요하게 된다.

정보의 지산지소가 에너지 효율의 관점에서 보면 중요하다. 그리고 한편으로 거대 IT 기업이 정보를 집적하고 독점하게 될 것이다.

게다가 AI 처리가 고도화된다. 데이터에 숨은 의미를 이해하고 그것을 서비스로 바꾸어 사회에 보탬이 되기 위해 방대한 계산이 필요해진다.

실제로 심층 학습이 등장한 이래로 AI가 처리하는 계산량은 10년 동안 네 자릿수가 늘었다. 한편 그것을 처리하는 범용 프로세서의 전력 효율은 한 자릿수밖에 개선되지 않았다. 그러니까 통신 기기나 컴퓨터의 에너지 효율을 큰 자릿수로 개선하지 않으면 사회의 지속 가능한 성장을 기대할 수 없다.

소비 에너지가 급증한 원인은 반도체에 있다. 그리고 그 해결의 열쇠도 반도체가 가지고 있다.

산업의 쌀에서 사회의 뉴런으로

2019년에는 세계에서 1.9조 개의 반도체 칩이 생산되었다.

사용된 영역을 살펴보면 제조업이 15%, 헬스 케어가 15%, 보험이 11%, 은행 증권이 10%, 도소매가 8%, 컴퓨터가 8%, 정부가 7%, 교통이 6%, 공공사업이 5%, 부동산·업무 서비스가 4%, 농업이 4%, 통신이 3%, 기타 4%였다.

실로 사회의 구석구석에서 반도체가 사용되고 있다. 통신 시장이 아직 작다는 것에 오히려 놀란 분들도 많을 것이다. 그러나 앞서 설명했듯이 가까운 미래에 통신량은 폭발적으로 증가할 것이다. 차세대 반도체의 수요를 견인하는 것은 차세대 통신 '포스트 5G'이다.

포스트 5G에서는 높은 주파수가 사용된다. 주파수가 높아질수록 전파는 직진성이 강해지며 멀리까지 가지 않는다. 따라서 더 많은 기지국이 필요해진다. 이에 더해 지연이 적으면서 고도의 서비스가 기대된다. 그러니까 고성능 데이터 처리가 기지국에 요구된다.

포스트 5G가 차세대 반도체의 수요를 견인할 것이라고 생각되는 이유는 이러한 상황이 예상되기 때문이다.

앞으로는 사물 인터넷(IoT), 원격 의료 등의 디지털 의료와 헬스 케어, 여기에 모빌리티를 추가한 서비스가 반도체의 큰 시장을 형성할 것이다. 이들은 사회의 신경계라고 할 수 있다.

이른바, 반도체는 산업의 쌀에서 사회의 뉴런으로 발전한다고 할 수 있다. 반도체는 그야말로 인류 공유 재산이다.

반도체가 공업 사회의 부품에서 지가 사회를 지탱하는 전략 물자로 성장함으로써 반도체의 가치 지표는 비용에서 성능으로 변하고, 특히 전력 성능이 중요해진다. 게다가 인프라에 사용되기 때문에 타임 투 마켓과 신뢰성도 중요해진다.

사회의 에너지 문제를 해결하려면 반도체의 에너지 효율을 높일 수밖에 없다. 전용 칩을 쓰면 범용 칩에 비해 두 자릿수 정도 전력 효율을 높일 수 있다.[18] 이용자와 이용 상황이 명확한 전용 칩에는 얼굴이 보이지 않는 이용자의 다양한 요구에 응하기 위한 범용성이나 필요 없이 낭비되는 군더더기가 없기 때문이다.

하지만 전용 칩은 개발 비용이 비싸고, 누구든지 만들 수 있는 것도 아니다. 그렇기 때문에 전용 칩을 개발하는 국내의 움직임이 사라져가면서 공동화(空洞化)가 시작되고 있다.

그러므로 전용 칩의 개발 비용을 1/10로 줄여 시스템 아이디어를 가진 사람이라면 누구나 전용 칩을 설계할 수 있도록 하고, 나아가 최첨단 반도체 기술을 이용해서 에너지 소비를 1/10로 줄이는 것이 데이터 구동형 사회를 실현하는 데 필수적이다.

반도체가 산업의 쌀에서 사회의 뉴런으로 진화하기 위해서는, 지난 세기에 자본 집약형이었던 산업 구조를 이번 세기에는 지식 집약형으로 변혁해야 한다.

디지털 문명을 만들려면

『사피엔스: 유인원에서 사이보그까지』를 쓴 유발 하라리는 테크놀로지가 마치 살아 있는 스파이 같아 '피부 아래의 정보'까지도 다 새어 나간다며 경종을 울렸다.

신종 코로나 바이러스의 확산을 방지하는 대책 속에서 감시 사회가 형성되고 있다. 테크놀로지가 사회에 주는 영향이 눈에 띄게 커졌다. 우리의 문명은 어떻게 될까? 그야말로 운명의 갈림길에 놓여 있다는 의견도 들린다.

지혜가 있으면 테크놀로지에 장착할 수 있다. 그러니까 보안이나 개인 정보를 위협하는 것이 반도체라면, 그것을 해결하는 것도 반도체이다. 하지만 고도의 보안이나 개인 정보 보호는 당연히 반도체의

[그림 2-5] 칩의 전력 효율을 20년 동안 세 자릿수 개선했다 2030년에는 뇌의 전력 효율에 다가간다

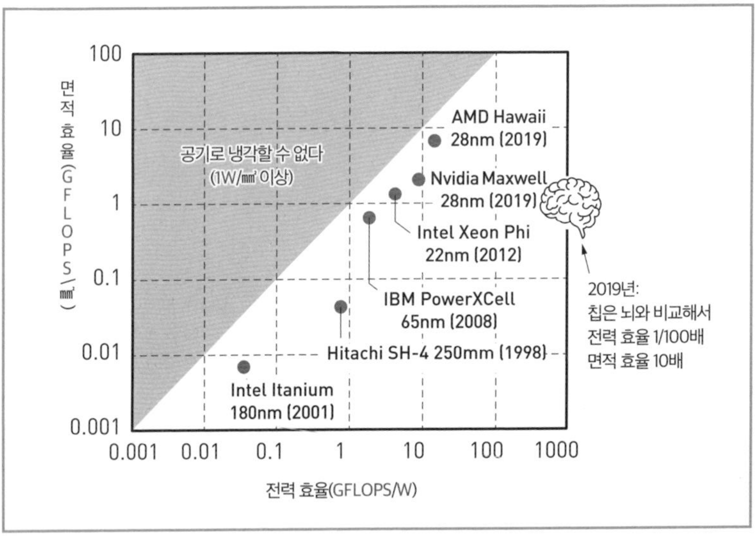

(출처) 필자 작성

에너지 소비를 늘린다. 즉, 결국은 돌고 돌아 반도체의 에너지 문제로 귀결된다.

그리고 그 끝에는 '마음'의 문제가 있다.

디지털은 논리를 다루는 데 뛰어나지만, 감성은 아날로그다. 디지털로 사람을 행복하게 만드는 기술을 이제부터 추구하기 시작할 것이다. 오감과 디지털을 상호 변환하는 센서와 액추에이터, 감각을 피드백하는 제어 기술, 가치를 교환하는 공학, 테크놀로지가 사회를 위험에 빠뜨리지 않는 법체계. 이러한 논의 없이 '뇌를 인터넷에 연결'하도록 추진할 수는 없다.

머나먼 옛날, 뇌는 사회를 만들고 마음이 있게 했다. 사람은 자신의 의도를 알고 그것을 전달하는 언어, 그리고 논리적 사고로 인지 능력을 확장하는 수학을 획득했다. 수학은 드디어 주관적인 직감을 초월한 추상적인 기호 체계로 승화하고, 마침내 뇌에서 흘러나와 컴퓨터가 탄생했다. 컴퓨터는 칩을 만들었고, 칩은 미세화를 통해 지수 함수로 성장하여 컴퓨터의 크기를 줄였다. 그리고 결국에는 매우 작아진 컴퓨터가 다시 우리의 몸 안으로 돌아가려 하고 있다(그림 2-5).

04

댐에서 반도체로
― 디지털 사회의 인프라

핫타 댐과 TSMC

약 100년 전, 대만에 우산토우 댐이 건설되었다. 미국의 후버 댐이 완성되기 전까지는 이 댐이 세계에서 가장 큰 댐이었다. 건설을 감독한 사람은 일본의 토목 기술자인 핫타 요이치.

핫타는 1910년에 현재의 도쿄대학교인 도쿄제국대학 공학부 토목과를 졸업하고 대만 총독부 토목과 기사로 취임했다. 그리고 대만 남부에 펼쳐진 불모지, 자난 평원을 조사했다. 이 땅은 관개 설비가 충분치 않아 농민은 항상 가뭄이나 호우, 나아가 배수 불량 때문에 애를 먹었다.

핫타는 관개 사업을 벌여 황무지를 곡창 지대로 바꾸자고 제안했고, 이것이 국회에서 승인을 받았다. 수익자가 조합을 결성해서 사업을 시행하고, 비용의 절반을 국비로 충당했다. 핫타는 이 조합의 소속 기사로 댐 건설을 진두지휘했다.

총공사비 5,400만 엔. 당시로는 일본 역사상 전무후무한 대공사였다. 우산토우를 3,078m나 뚫어 본류인 청원 시내(曽文渓)에서 댐으로 물을 끌어오는 공사를 할 때 많은 희생자가 생겼다. 핫타는 이 대공사가 끝날 때까지 공사 현장에 세운 일본 가옥에서 아내와 자식 8명을 데리고 살았다.

10년의 세월 끝에 핫타 댐이 완성됐다. 또한 자난 평원 일대에 1만 6,000km에 걸쳐 수로가 둘러쳐졌다. 이를 비유하자면 물의 만리장성이다. 만리장성의 길이는 2,700km밖에 되지 않으므로 수로의 길이는 이를 훨씬 더 능가한다.

자난 평원은 수로를 건설한 후 크게 윤택해졌다고 한다. 자난에는 지금도 핫타의 동상이 남아 있고, 지역 사람들은 전쟁통에도 소중히 보전했다. 자난의 농민이 이 동상 앞을 지날 때, 누구나가 손을 모으고 절하는 모습을 볼 수 있게 됐다. 핫타의 기일인 5월 8일에는 자난 주민들이 요이치와 아내의 무덤을 찾아 꽃을 놓고 온다. 핫타는 대만을 사랑한 일본인이며, 그 지역에서 대만인들의 사랑을 받

핫타 요이치
(출처)위키피디아

는 일본인이 되었다.

핫타의 댐 건설로부터 100년이 지난 지금, 일본과 대만의 협력으로 역사적인 대사업이 다시금 시작되었다.

이번에 댐이 반도체로 대체된다.

그리고 토사가 고순도의 반도체로 대체된다.[19]

물이 데이터로 대체되고, 물을 이용하는 것이 데이터를 이용하는 것으로 대체된다. 사회는 농경사회 Society 2.0에서 인간 중심의 사회 Society 5.0으로 진화했고, 물의 만리장성은 데이터의 만리장성으로 대체된다.

작은 칩 안에는 무수히 많은 배선이 집적되어 있고, 그곳을 데이터가 이동한다. 이 배선을 칩에서 끌어내 모두 연결하면 길이가 10㎞나 된다.

TSMC의 공장은 1,000개 정도의 칩이 들어가는 웨이퍼를 매달 수백만 개나 제조한다. 만약 이들 모든 칩의 배선을 연결한다면 총 길이가 10억㎞에 이르러 데이터가 지구를 2만 5,000바퀴나 돌게 된다.

구마모토현 기쿠요마치. 약 6만 평이 넘는 광대한 부지에 많은 건설 크레인이 늘어서 있다. TSMC 구마모토 공장의 건설 현장이다. 새로운 공장에는 1,700명이 일하게 된다. 그중 TSMC가 300명을, 소니 그룹이 200명을 파견했고 나머지는 새로 채용될 예정이다. 그 지역에서는 인재 쟁탈전이 시작되어 기술자의 급여 수준도 올라갔다.

이 공장에서는 28㎚과 22㎚의 로직 반도체가 제조된다. 일본에서 가장 필요로 하며 생산량이 많은 볼륨 존의 반도체다. 미래에는 더 미세화된 세대로 수요가 옮겨갈 것에 맞춰서 16nm과 12nm의 FinFET이 제조될 예정이다. 그동안 일본은 28nm보다 더 미세 공정의 반도체에 대해서는 투자를 하지 못했다.

게다가 TSMC는 이바라키현 쓰쿠바에 3DIC 연구개발센터를 열었다. 칩을 3차원으로 장착해서 데이터 이동 거리를 줄인다. 그러기 위해서는 일본이 가진 재료의 힘이 필요하다. 새로운 소재를 발굴하여 3DIC 연구개발센터와 연계하고, 일본의 소재를 살리는 길을 모색해야 한다.

디지털 사회의 인프라

인프라라고 하면 도로, 항만, 철도, 공항의 교통 인프라와 상하수도의 도시 인프라, 그리고 발전과 송전의 에너지 인프라가 있다. 이것들은 20세기의 인프라다. 21세기의 인프라는 반도체와 그것을 이용한 고도의 컴퓨팅 및 통신망이 될 것이다.

일본은 전쟁이 끝난 후 자본 집약형의 공업 사회, 공업 국가로 성장했다. 이후 대량 생산, 대량 소비와 같은 형태의 성장에는 한계가 있음을 의식하게 되었고, 앞으로 나아가야 할 사회는 공업 사회나 정보 사회를 뛰어넘은 인간 중심의 사회여야 한다고 생각하게 되었다. 그것은 지식 집약형으로 데이터를 활용하면서 서로 지혜를 이끌어내는 사회이다. 즉, 자본 집약형인 공업 사회에서 지식 집약형인 지가 사회로 전환하는 것이다.

사회가 자본 집약형에서 지식 집약형으로 패러다임 전환을 하면 산업 구조도 바뀐다. 자본 집약형 사회에서는 물건(物件)이 가치를 낳았다. 재료가 자원이고, 그것을 조합해서 부품을 만들고 부품을 모아서 제품으로 완성했다. 반도체 칩은 부품이고, 제품에 부속된 서비스나 디자인 등 지식이나 정보는 유저를 만족시키고 가치를 만들어낸다.

하지만 지식 집약형 사회로 바뀌면 가치 만들기의 주객이 전도된다. 가치는 물건에서 지식이나 정보로 이동한다. 자원은 재료에서 데이터로 바뀐다. IoT로 데이터를 모아서 AI로 분석하고, 그것을 서비스·솔루션으로 만들어서 유저에게 전달한다. 반도체는 단말기의 전지를 오래가게 하거나 정보 처리를 빨리하여 유저를 만족시켜 가치를 낳을 것이다.

따라서 재료를 옮기는 도로, 항만, 철도, 공항 대신 데이터를 옮기는 IoT나 5G, AI가 디지털 사회의 인프라가 된다.

반도체가 부품 사업이었을 때는 비용이 최우선이었다. 규격화된 비슷한 부품이라면 조금이라도 저렴한 편이 좋다. 하지만 미세화가 어려워지면서 퍼포먼스 경쟁도 하게 되었다. 최근에 자주 쓰이는 지표는 PPAC(파워·퍼포먼스·에리어·코스트)이다. 바꿔 말하면 코스트 퍼포먼스다.

디지털 사회의 인프라를 지탱하는 반도체에는 타임 퍼포먼스가 필요하게 될 것이다. 인프라 시장은 기존 제품을 버리고 새 제품을 사는 수요가 적은데, 먼저 시장에 투입된 제품이 오래 쓰이기 때문이다. 타임 투 마켓이 더해진 PPAC가 지표가 된다.

일본의 20세기 인프라는 훌륭했다. 어느 길이나 모두 포장되어 있었고, 교통기관은 시간에 딱 맞춰 운행되었다. 21세기에서 말하는 뛰어난 인프라는 국내 어느 곳에서나 고속 무선망으로 연결되어 고도의 컴퓨팅 자원을 이용할 수 있게 되는 것이다.

1929년에 일어난 대공황을 극복하기 위해 미국은 뉴딜 정책으로 다목적 댐을 건설하는 등 공공사업을 해서 인프라를 정비했다. 반도체는 디지털 사회의 인프라를 떠받치는 기반 기술이다. 지금 우리 사회에도 이른바 디지털 뉴딜 정책이 필요한 것 아닐까.

히로이 이사미의 가르침

다시 100년 전으로 거슬러 올라가 보자.

당시 도쿄제국대학에서 토목공학을 가르치던 히로이 이사미는 '무엇을 위해 공학이 있는가'에 대한 질문에 이렇게 답했다.

'만약 공학이 단지 인생을 번잡하게 만들 뿐이라면 아무런 의미도 없다. 공학이 며칠 걸리는 것을 몇 시간 거리로 단축하고, 하루의 노역을 한 시간에 그치게 하고, 그 덕분에 얻은 시간으로 조용히 인생을 생각하고 반성하고 신에게 돌아갈 여유를 주지 않는다면, 우리는 공학에서 아무런 의미를 찾아낼 수 없다.'(다카하시 유타카 『현대 일본 토목사』)

핫타 요이치도 히로이 이사미에게 선한 영향을 받은 것임에 틀림없다.

지금 다시 핫타의 정신이나 히로이의 가르침을 생각하지 않을 수 없다. 일본과 대만의 민족과 국경을 뛰어넘은 역사적 사업이 구마모토와 쓰쿠바에서 시작된다. 기대감에 가슴이 벅차오르고 온몸이 떨릴 지경이다. 마음속 저 깊은 곳에서 용기가 흘러넘친다.

【column】

라피더스의 전략

TSMC의 라인업을 보면 무엇이든 다 갖추고 있다.

로직은 최첨단인 3nm(나노미터) 프로세스로 시작해 기존의 프로세스인 5nm, 7nm, 10nm, 16nm, 20nm, 22nm, 28nm, 40nm, 65nm, 90nm, 0.13㎛(마이크로미터), 0.18㎛, 0.25㎛, 0.35㎛, 0.5㎛까지 실로 16세대에 걸쳐 1980년대 이후의 모든 프로세스 기술을 제공한다.

종류도 풍부하다. 로직과 더불어 아날로그, 고주파 무선, 혼재 DRAM, 혼재 불휘발성 메모리, 이미지 센서, 고내압 소자, 전력 소자, MEMS(미소전기기계시스템)를 갖추었다. TSMC는 각각에 대해 여러 세대의 프로세스 기술을 제공한다.

총 80종류나 되는 라인업을 자랑한다.

게다가 생산량도 거대하다. 웨이퍼 제조 능력은 연간 1,200만 개(300㎜ 환산)로, 파운드리의 세계 생산량 중 60%를 차지한다.(금액 기준-역주) 메모리 등 모든 종류의 반도체를 합쳐도 그중 13%가 TSMC에서 생산되었다. TSMC는 높은 수요에 맞춰 앞으로 몇 년 동안 생산 능력을 대폭적으로 강화할 계획을 발표했다. 본문에서도 언급했던 구마모토현에 건설될 신공장은 연간 54만 개의 웨이퍼 생산이 목표다.

한편, 새 회사 라피더스의 전략은 그와 대조적이다.

최첨단 제품만을 단시간에 소량 생산한다. 2㎚ 프로세스를 시작으로 항상 최첨단인 3세대 프로세스 기술만 사용한다.

이 전략에 대해 다른 의견들이 나왔다.

'왜 뜬금없이 2㎚인가?', '무모하다. 20년 동안이나 휴면했으니 단계를 밟아 나가야 한다.'

게다가 '최첨단으로 하면 돈이 되나?', '일할 사람이 있을까?'라는 의문이 이어진다.

나는 라피더스의 전략이 옳다고 생각한다.

먼저, 최첨단은 돈이 된다.

실제로 TSMC의 주요 수입원은 최첨단 기술이다. 5㎚와 7㎚

와 10nm를 합친 매출이 전체 매출의 과반수를 차지한다.

라피더스의 고이케 아쓰요시 사장 본인도 지금까지 알고 있던 상식에서 벗어난 이야기라는 것을 인정한다.

지금까지 반도체는 심한 가격 경쟁에 노출되어 왔다. 최첨단에 고가의 제조 장치 비용을 모두 가격에 전가하면 어깨를 나란히 하는 경쟁 상대에게 지고 만다. 그래서 경쟁 상대와 누가 더 인내하는지 겨루어서 낮은 가격으로 싸우고, 새 공장에 도입된 장치들의 감가상각이 끝난 후에야 이익이 생긴다.

반도체 메이커에서는 3년에서 5년에 걸쳐 감가상각하는 것이 일반적이다. 따라서 최첨단 기술로는 수익이 나지 않다가 1~2세대 늦게 수익이 나기 시작한다는 것이 지금까지 알려진 상식이었다.

하지만 경쟁 조건이 바뀌었다. 최첨단 시장의 플레이어가 해마다 감소하고 있다.

예를 들어 현시점에서 3nm를 양산할 수 있는 곳은 TSMC뿐이다. 5nm가 되면 삼성전자와 인텔도 양산할 수 있다. 7nm가 되면 메이커 수는 7개사가 되고, 22nm가 되면 9개사가 된다. 그러니까 최첨단은 사실상 과점시장이다.

그리고 최첨단의 수요는 항상 있다. 메모리에서 몇 번이나 경험한

바이다. '그런 대용량 메모리를 누가 다 쓰겠어?'라는 의문이 항상 나오지만, 차세대 메모리를 예상하고 계획을 세우는 사람은 반드시 나타난다.

데이터 구동형 사회에 대한 기대가 높아지는 가운데, 데이터 센터용 서버의 수요도 높아지고 있다. 곧 DRAM 대경쟁 시대가 찾아올 것으로 예상된다. DRAM의 생산량이 2025년에 1700억 칩(2GB 환산)에 달하여 2020년보다 2.5배 급증한다고 시장은 예측한다.

메모리와 디지털은 폰 노이만 아키텍처가 낳은 쌍둥이다. 메모리 시장이 커지면 디지털 시장도 커진다. 요컨대, 최첨단의 수요가 확대되는 것이다.

전처럼 2년 기다려도 성능이 30% 높은 차세대 칩을 쉽게 손에 넣을 수 없다는 생각에 이르면 오히려 수요가 증가할 수 있다. 이처럼 수요가 확대되고 공급은 부족한 조건에서는 값을 자유롭게 매길 수 있지 않을까? TSMC 매출의 과반수를 최첨단 반도체가 차지한다는 것은 그것을 암시한다.

경쟁 상대와 맞서 싸우지 않고 충분히 가격 전가가 된다면, 선행자 이익을 얻을 수 있다.

다음으로 기술 관점에서 고찰해 보겠다. 예를 들어 '처음부터 2㎚

에 도전하지 말고 5nm부터 시작해서 3nm로 기술을 쌓아 2nm에 도전하는 것이 순리 아닌가?'라는 비판을 하는 사람이 있다.

그 경우, 위험 요소를 두 가지 생각할 수 있다. 먼저 5nm 시장에는 TSMC와 삼성과 인텔이 이미 감가상각을 마치고 대기하고 있다. 그들이 라피더스가 참전하는 것을 저지하기란 마음만 먹으면 쉬울 것이다. 게다가 5nm와 3nm으로 FinFET 기술을 갈고 닦아도 2nm부터는 GAA로 트랜지스터가 크게 바뀐다. 기술의 축적을 얼마나 살릴 수 있을지는 알 수 없다.

그렇다면 새로운 게임이 시작하는 2nm에 끼어들어 메가 파운드리와 정면 승부를 펼치는 것이 아니라, 그들이 미처 수용하지 못했던 소량 생산을 받아들인다는 전략이 시장에서도 받아들여지지 않을까.

이노베이션은 소량 생산부터 시작한다. 이노베이션에서 중요한 것은 시장에 조기 투입하는 것이다. 그래서 신속하게(rapid) 가치를 낳는다. 이것이 라피더스의 전략이다.

메가 파운드리와 맞서기보다는 상부상조하는 것. 그들처럼 무엇이든 다 갖추는 것이 아니라 고급품만을 다루는 것. 그리고 대량 생산이 아니라 단시간 생산을 하는 것. 머지않아 그중에서 대량 생산으로 이어지는 제품이 생길 것이다. 이처럼 상호보완적으로 사회에 공헌하고, 메가 파운드리와 공생한다. 또한 무엇보다 중요한 점은 이것을 기대하는 유저가 있다는 것이다.

반도체의 미세화 경쟁을 마라톤에 비유한다면, 레이스가 종반에 접어들어 선두 집단에서 서서히 탈락자가 나올 즈음에 선두를 달리는 주자가 스퍼트를 한 셈이다. 이제는 공기 저항의 경감이나 라이벌 선수의 동향을 파악하면서 좁은 집단 안에서 피 터지게 겨루고 있을 때가 아니다. 만약 이때 신이 힘을 준다면, 선두의 등만 보며 전력으로 달릴 수밖에 없다. 막판 대역전극을 꿈꾸며 말이다.

존 메이나드 케인스의 명언이 떠오른다.

"이 세상에서 가장 어려운 것은 새로운 생각을 수용하는 것이 아니라 오래된 생각에서 벗어나는 것이다."(『고용, 이자 및 화폐의 일반 이론』)

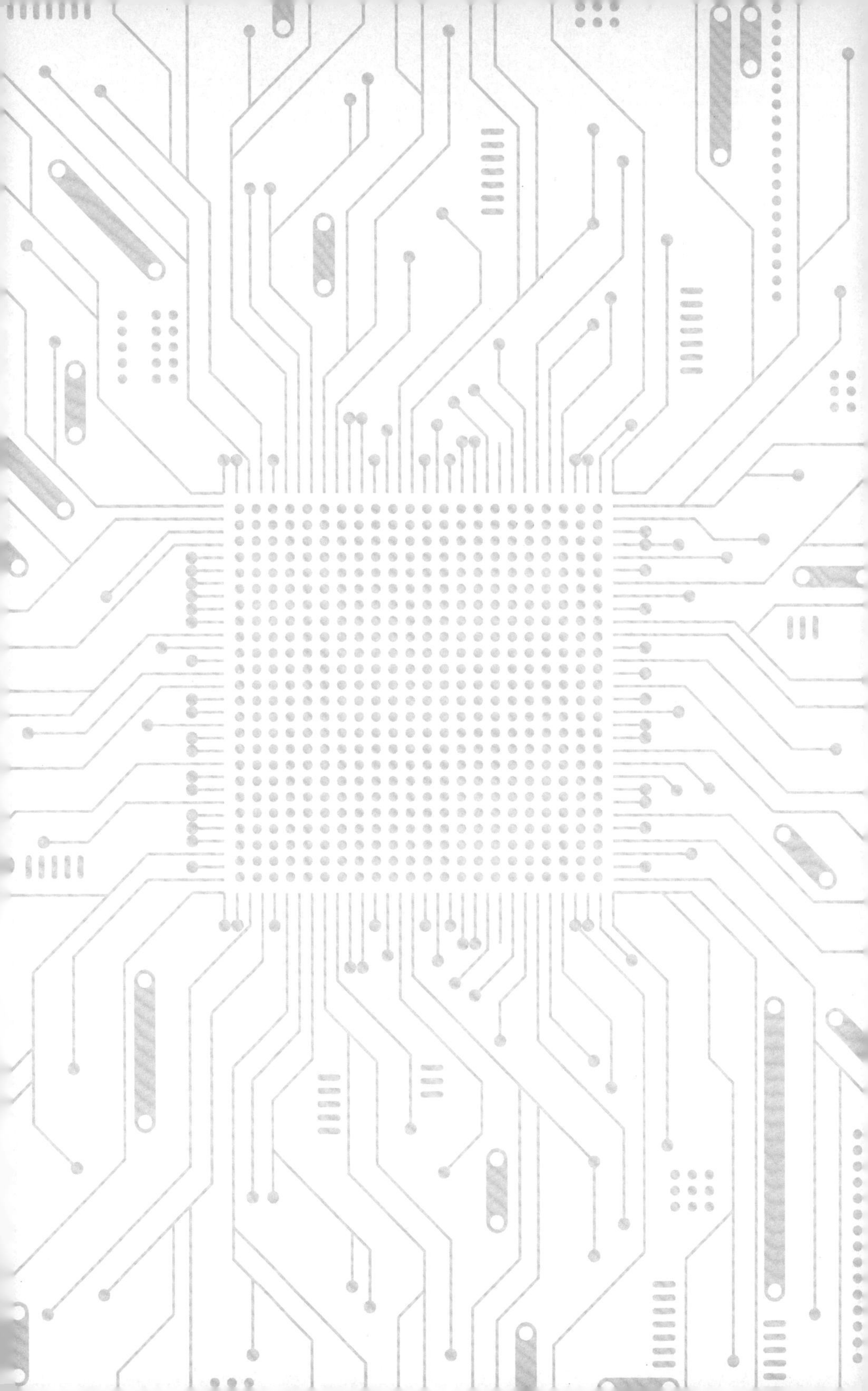

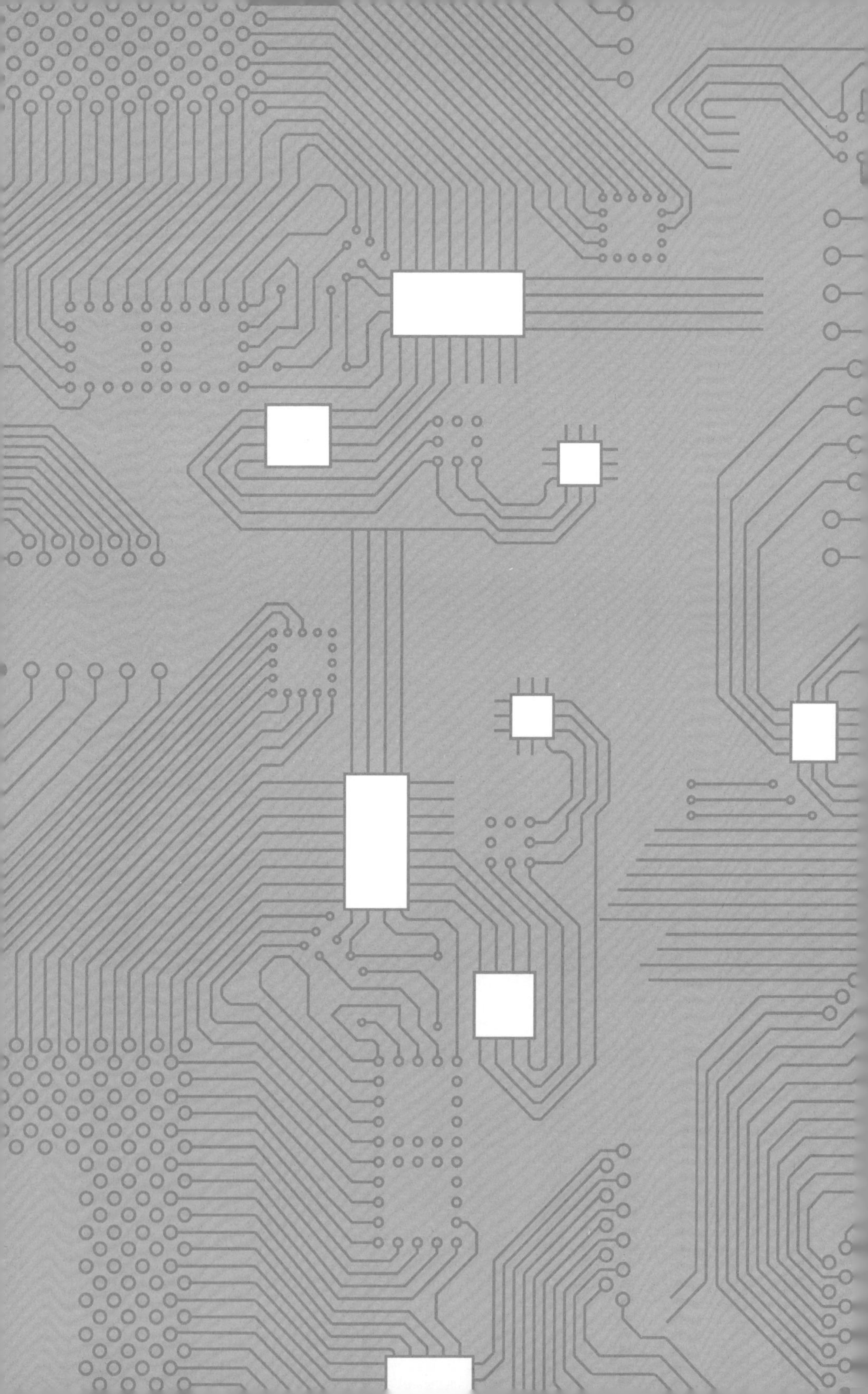

03

구조개혁

構造改革

[More Moore]

01

뇌와 컴퓨터와 집적회로의 짧은 역사
—그리고 하나의 미래

뇌와 컴퓨터와 집적회로의 탄생

138억 년 전, 거대한 에너지 덩어리가 돌연 나타났다. 빅뱅이다.

에너지와 물질이 상호 작용을 하여($E=mc^2$) 우주는 급속도로 확대됐다. 최초의 작은 흔들림이 은하계를 만들었고, 46억 년 전에 지구가 탄생했다.

물리 법칙을 따라 물질이 변화하는 가운데 자신의 구조를 정보로서 DNA라는 형태로 보존해 자기 복제하는 생명이 나타난 것이 40억 년 전이다. 생명은 돌연변이와 적자생존을 전술로 사용해서 불확

실한 환경에서 살아남아 단세포에서 다세포, 식물, 동물로 진화하고 다양화되었다. 동물은 외부에서 정보를 획득하여, 행동을 결정하기 위한 중추 신경계인 뇌를 마침내 얻었다. 그리고 포유류는 700만 년 전에 인류로 분화해서 뇌를 진화시켰다.

생존을 위해서는 반드시 서로 도와야 한다. 뇌는 사회를 만들고 마음을 만들어냈다. 사람은 자신의 의도를 알고 그것을 전하는 언어와 논리적 사고력을 얻었다.

수학은 3000년 전에 탄생했다.

수학은 인간의 인지 능력을 확장시켰다. 4대 문명기에는 계산기나 피타고라스의 정리를 이용해서 세금 계산이나 토지 측량을 했다. 이윽고 기원전 5세기, 고대 그리스 시대에는 계산보다 수학의 내부 세계가 연구 대상이 되면서 수학은 도구에서 사고로 진화했다.

7세기 아라비아에서 대수가 발달했고, 15세기 르네상스에서 대수 기호가 발명되었다. 그리고 수학은 물리적 제약을 받지 않는 보편적인 관점을 얻었다. 그리고 17세기에는 미적분을 고안하여 무한 세계를 탐구할 수 있게 됐다. 극한이나 연속성의 개념을 엄밀하게 고찰한 결과, 주관적인 직감을 초월한 추상적인 기호 체계가 생겨났다.

20세기에 들어서자 수학을 하는 우리의 사고 자체를 수학화하려는 시도도 하게 되었다. 물리적 직감이나 주관적 감각 등 애매한 것을 완전히 벗어 던지고, 수학은 마침내 '계산하는 기계'로서 컴퓨터를 탄생시켰다.

초반의 컴퓨터는 제2장에서도 언급한 것처럼 연산기 사이의 선 연결을 전환함으로써 프로그램을 하는 '결선(배선) 논리(wired logic) 방식'을 썼다.

제2장에서 설명했듯이, 이 방식에는 두 개의 결점이 있었다. 처리할 수 있는 프로그램의 최대 규모가 미리 준비한 하드웨어 규모에 제약을 받는 '규모 제약 문제', 그리고 시스템의 규모가 커지면 접속 수가 방대해지는 '대규모 시스템의 접속 문제'다. 이 문제를 해결한 것이 폰 노이만과 잭 킬비다.

단순화, 극소화된 연산 자원을 칩으로 집적화, 병렬화해서 컴퓨터의 성능은 비약적으로 향상되었다. 고성능 컴퓨터는 한층 더 대규모의 집적회로 설계를 가능케 한다. 무어의 법칙에 이끌려 컴퓨터와 집적회로가 같이 발전했다(그림3-1).

[그림 3-1] 칩의 스케일링(미세화)으로 컴퓨터의 사이즈가 작아지고 있다

(출처) 필자 작성

집적회로의 성장과 한계

집적회로의 성능과 비용 간의 비율은 미세화하면 지수 함수적으로 개선할 수 있다. '무어의 법칙'이라 불리는 이 경험칙은 집적회로의 성장 시나리오이다.

비용은 리소그래피로 정해지는데, 리소그래피 기술이 미세화의 한계에 가까워지면 포토마스크를 여러 장 조합하는 등 복잡한 공정을 통해 미세화를 달성한다. 결과적으로 비용이 상승하면 트랜지스터의 단가가 올라간다. 실제로 16nm 세대(2015년)부터 트랜지스터의 단가가 상승하기 시작했다.

하지만 7nm 세대(2019년)부터 EUV(극자외선) 리소그래피가 도입되어 트랜지스터의 단가는 다시 내려갈 것으로 추측된다. 공정이 다시 단순화되어 제조 비용이 하락하기 때문이다.

따라서 코앞에 닥친 문제는 비용이 아니라 성능 개선이 한계에 다다랐다는 점이다. 전력, 즉 발열이 최대치에 달하고, 그 때문에 회로를 아무리 집적해도 그 이상 성능을 끌어낼 수 없게 된다는 것이 중요한 이슈다. 전력 대비 처리 성능, 그러니까 전력 효율이 무어의 법칙의 운명을 쥐고 있다. 전력 효율을 개선하지 않고서는 성능 개선도 없다.

전력은 스케일링(미세화)이 부작용을 일으켰을 때 증가한다. 원래대로라면 전계(電界) 효과로 동작하는 트랜지스터의 전계가 일정해지도록 디바이스를 스케일링하면 전력은 커지지 않아야 한다.

하지만 실제로는 1980년대부터 1990년대 중반에 걸쳐 회로를 고속 동작하게 만들고 싶다는 이유로 전원 전압을 내리지 않고 디바이스를 미세화했다. 그 결과, 전력은 3년마다 4배씩 늘어 15년 동안 세 자릿수로 늘어났다.

전력이 너무 커진 탓에 1995년 이후 전원 전압을 내리기 시작했지만 이미 디바이스의 내부 전계가 너무 높아졌기 때문에 전류는 충분히 감소하지 않았고, 그 후에도 전력은 6년 만에 2배씩 계속 늘고 있다.

미세화의 부작용으로 전력이 커졌기 때문에 대책 세우기가 쉽지 않다. 원점으로 돌아가 생각할 필요가 있다.

전력을 줄이는 방법은 세 가지가 있다. 저전압화(V)와 저용량화(C), 스위칭의 저감(fa)이다.[20]

전압을 낮추면 전력은 효과적으로 줄어들지만 한계가 있다. 걸림돌은 리크(누전)이다. 게이트 절연막을 얇게 하지 않고 트랜지스터를 미세화하면, 트랜지스터의 온오프를 제어하는 게이트의 작용이 열화해서 트랜지스터가 충분히 오프를 하지 않게 된다.

그 결과, 전원 전압을 더 낮춰도 회로가 늦어지는 만큼 리크가 늘어나면서 전력은 오히려 증가한다. 오늘날 쓰이고 있는 프로세서의 전력 효율이 최대가 되는 것은 전원 전압이 약 0.45볼트일 때다.

리크를 줄이기 위해 재료, 프로세스, 구조를 바꾸고 있다. 예컨대 트랜지스터를 입체 구조로 만들어서 게이트로 덮어 게이트의 지배력을 개선하고 있다. 7㎚ 세대의 FinFET은 예상 이상으로 리크 삭감에 성공했다.

범용에서 전용으로, 2D에서 3D로

실온에서 CMOS 게이트를 다단 접속할 수 있는 이론적인 한계는 0.036볼트다. 저전압화하는 방법도 이제 한 자릿수의 여유만 남았고, 전력 환산으로는 두 자릿수의 여지밖에 남지 않았다.

전력 효율을 개선하는 또 다른 방법은 저용량화다. 범용 CPU나 GPU에 비해서 ASIC(특정 용도용 집적회로)이나 SoC(통합된 하나의 시스템이 짜여 들어간 칩) 등의 전용 칩은 필요 없는 회로를 깎아내서 저용량화가 가능하고, 전력 효율을 10배 이상 높일 수 있다.

또한 데이터의 이동은 계산에 비해 큰 전력을 소비한다. 특히 칩 밖으로 데이터를 꺼냈다 다시 넣으면 세 자릿수 정도로 큰 전력을 소비한다. 폰 노이만 아키텍처에서 필요로 하는 DRAM의 액세스가 전력의 병목이 되고 있다.

칩의 데이터 접속에서 중요한 것은 접속 경계를 변(邊)이 아닌 면(面)으로 하는 것이다. 칩 안은 스케일링율(미세화)의 2제곱에 비례하여 집적량이 커진다. 한편, 외부기기를 접속하기 위한 입출력 장치는 주로 칩 주변에 배치되므로 집적도는 스케일링율에 비례한다. 그 결과, 데이터 통신이 내부의 성능 요구를 좇아가지 못한다.

이 문제를 해결하려면 칩을 적층으로 설치해 면 전체로 접속하는 것이 효과적이다. 집적 레벨을 2D(평면)에서 3D(입체)로 진화시켜 전력 효율을 크게 높일 수 있기 때문이다.

무어의 법칙이 감속하는 가운데, 기존 기술의 연장이 아닌 신기술(파괴적 기술)에도 실용화 기회가 늘고 있다.

02

스케일링 시나리오
—지수 함수의 경이로움

이상적인 스케일링 시나리오

집적회로의 발전을 위한 기본 원리는 디바이스의 미세화, 다시 말해 스케일링하는 것이다. 집적도를 높여서 칩의 제조 비용을 낮추고 성능을 높일 수 있다.

DRAM은 3년 만에 4배씩, 프로세서는 2년 만에 2배씩 집적도가 높아졌다. 이러한 경험칙은 '무어의 법칙'으로 널리 알려져 있다.

칩의 제조 비용은 웨이퍼 1개당 제조 비용을 웨이퍼 1개에서 얻을 수 있는 양품 칩의 수로 나눈 값이다.[21]

리소그래피와 프로세스 기술을 진화시켜 디바이스를 스케일링한다. 동시에 웨이퍼의 구경을 크게 하거나 제조 기술을 개선해서 수율을 높이고 양품 칩의 수를 늘린다.[22]

과거 50년을 돌아보면, 2년마다 디바이스는 20% 미세화되었고, 칩 사이즈는 14% 커졌다. 그 결과, 집적할 수 있는 디바이스의 수는 2년마다 배로 늘어났다(=$1.14^2/0.8^2$).

더 나아가 DRAM에서는 디바이스를 3차원 구조로 만들거나 회로를 더 신경 쓰는 등 3년 만에 4배의 고집적화를 이루었다. 애초에 이러한 연구는 점점 한계에 가까워져 DRAM의 스케일링은 이제 곧 멈추게 될 거라는 추측도 나온다.

다음으로 성능이 어떻게 될지 논의해 보자. 디바이스의 치수와 전압을 둘 다 $1/\alpha$로 작게 스케일링하면, 트랜지스터 내부의 전계를 일정하게 유지할 수 있다.[23] 이 '전계가 일정한 스케일링' 덕분에 전계효과 트랜지스터는 스케일링 전후 일정한 동작이 보증된다.

디바이스의 치수가 $1/\alpha$일 때, 트랜지스터를 흐르는 전류와 용량도 똑같이 $1/\alpha$이 된다. 왜냐하면 전류는 디바이스의 치수에 비례해서 $1/\alpha$이 되고 용량도 면적÷거리로 구할 수 있는데, 면적이 $1/\alpha^2$이기 때문에 용량은 $1/\alpha$이 된다.[24]

전압, 전류, 용량이 각각 $1/\alpha$이 되면, 회로의 지연 시간도 $1/\alpha$이 된다. 회로의 지연 시간은 용량×전압÷전류로 구할 수 있기 때문이다.[25]

여기서 단위 면적당 전력인 전력 밀도를 계산하면, 전압×전류÷면적으로 계산할 수 있어서 $1/\alpha$로 스케일링해도 변화는 없다. 집적도가 올라가면 방열이 어려워지는 것처럼 느껴지지만, 전력 밀도는 일정하며 발열량도 거의 비례하기 때문에 방열 문제는 일어나지 않는다.

매우 이상적인 시나리오다.

실제 스케일링과 그 부작용

하지만 바라는 대로 일이 척척 진행되지는 않았다.

마이크로프로세서의 동작 주파수는 10년 동안 약 50배 정도 속도가 빨라졌다. 그중 13배가 스케일링 효과이고, 나머지 4배가 아키텍처 개선 덕분이다. 환산하면 동작 속도는 2년에 1.6배씩 고속화된 셈이다. 전계가 일정한 상황에서 스케일링 규칙을 따른다면 1.2배였을 것이기 때문에 상당히 고속화되었다는 사실을 알 수 있다.

사실 1995년까지는 전원 전압을 낮추지 않고 디바이스를 스케일링했다. 즉, '전계가 일정'하지 않고 '전압이 일정'하게 스케일링을 한 것이다. 이 경우 전류는 α배로 늘어나고 용량은 1/α로 작아지기 때문에 회로의 지연 시간은 $1/\alpha^2$로 작아져서 회로는 한층 더 고속으로 동작한다. 하지만 전력 밀도는 α^3으로 급증하기 때문에 발열량도 이에 비례해서 늘어난다.[26]

이렇게 한 이유는 처리 성능이 높을수록 칩이 잘 팔렸기 때문이다. 칩의 전력은 당초에 충분히 작았기 때문에 전력이 늘어나는 것은 그다지 큰 문제가 아니었다.

그런데 1980년부터 1995년까지 15년 동안 칩의 전력은 1,000배로 늘었다. 그 결과, 단위 면적당 발열량은 조리용 핫플레이트의 30배에 도달하고 말았다.

방열을 하지 못하면 디바이스 내부 온도가 높아지고 신뢰성을 잃는다. 전력의 벽에 부딪히면 회로를 그 이상으로 집적하지 못하게 된다. 이처럼 전력의 벽이 생기는 원인은 공격적인 스케일링의 부작용이었다.

1995년 이후에 전원 전압은 서서히 낮춰졌다. 당연한 일이지만 회로를 쓰지 않을 때는 전원을 그때그때 끄거나 높은 성능이 필요 없을 때는 전원 전압을 낮추는 등, 전력을 절약하려는 자잘한 노력도 거듭해 왔다.

이런 일들은 일상생활에서도 하는 당연한 절약처럼 들리지만, 1억 개 이상의 트랜지스터를 집적한 대규모 집적회로로 범위가 넓어지면 무엇이 쓸모없는지 알아차리는 것이 쉽지 않다.

전원 전압의 이론적 하한값은 실온의 경우 0.036볼트다. 이 이하로 떨어뜨리면 CMOS 회로의 이익이 1 이하로 떨어지기 때문에 디지털 회로를 다단으로 접속할 수 없게 된다. 하지만 실제로는 오프를 해 놓은 트랜지스터의 누설 전류나 디바이스의 불규칙, 소음 등이 있어서 0.45볼트 이하로 떨어뜨리기는 무척 곤란하다.

28nm 세대 이후에는 집적을 할 수 있어도 동시에는 쓰지 못하는

트랜지스터, 소위 말하는 '다크 실리콘(전원을 투입하지 못해서 캄캄한 트랜지스터)'이 급증하고 있다. 기능은 집적할 수 있어도 성능을 끌어내기가 곤란해지고 있는 것이다.

따라서 지금은 전력 효율 개선에 성공한 사람만이 성능을 개선할 수 있는 단계로 접어들었다고 할 수 있겠다. 그야말로 '전력 효율을 개선하지 않고서는 성능 개선도 없다.'

전원 전압을 낮추는 방법 말고 전력 효율을 개선하는 수단으로는 용량 C를 저감하는 방법이 있다. 그렇게 하려면 칩을 적층해서 3차원으로 집적하는 기술이 앞으로 집적회로의 운명을 좌우한다. 다시 말해, 집적 레벨을 2D에서 3D로 확장하는 것이다. 칩의 두께는 칩의 폭에 비해 세 자릿수나 작아서 칩을 3차원으로 집적하면 칩 사이의 접속 거리를 현격히 줄일 수 있어 용량을 줄일 수 있다.

지수 함수의 경이로움을 직관적으로 알기 힘들다

연못의 잉어를 돌보는 노인이 있었다. 물속으로 산소가 충분히 가도록 가끔 연꽃을 뽑아 연못을 지켰다. 연꽃이 확 늘어나는 일은 없을 거라 생각해 일주일 정도 자리를 비웠다 왔더니, 연못은 연꽃으로 빼곡하게 덮여 있었다.

이 이야기는 지수 함수의 특징을 잘 나타낸다(그리고 코로나 감염자 수

[그림 3-2] 테크놀로지가 지수 함수급으로 성장해도
인간은 직선적으로 직관하기 때문에 변혁은 예상보다 빨리 찾아온다

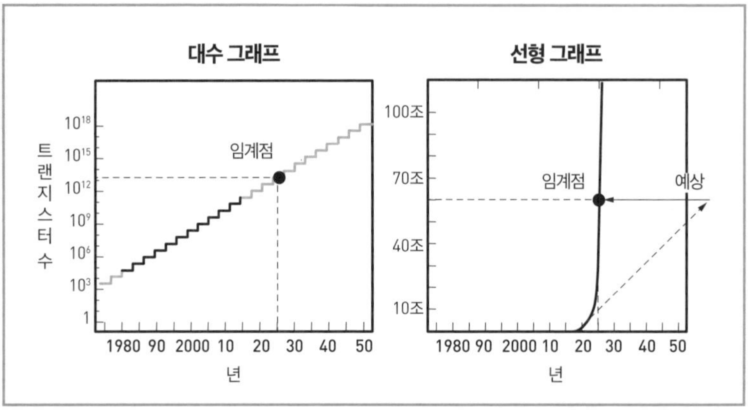

(출처) 필자 작성

가 늘어나는 모양도 이와 비슷하다). 우리의 직관은 변화하는 사상을 직선 비슷하게 인식한다. 머나먼 옛날, 정글 속에서 맹수(등속 운동)로부터 몸을 지키기 위해 획득하여 DNA에 새겨진 감각이다. 현대사회가 되어도 지금까지의 변화를 직선적으로 추정해서 미래를 예측하는 경우는 많다.

하지만 칩이 만드는 세계는 지수 함수급으로 성장한다. AI도 그중 하나다. AI가 갑자기 이 세상에 나타나서 바로 하늘 높이 날아오르듯 급성장하는 이유는 여기에 있다.

칩이 만들어내는 데이터도 지수 함수급으로 늘어나고 있다. 인터넷 통신량은 연율 4배로 급증하고 있다(길더의 법칙).

21세기 후반에는 전 인류 뇌의 뉴런 총 개수에 필적할 트랜지스터를 칩 하나에 집적할 수 있을지도 모른다. 나아가 전 세계의 칩이 무선 접속되어 거대한 두뇌가 지상에 출연할 날도 꿈에서나 나올 법한 이야기가 아니다.

집적회로가 발명되고 고작 100년 사이에 세계는 극적으로 변화하고 있다(그림3-2).

03

칩의 구조개혁
—누전을 줄여라

트랜지스터의 구조개혁

트랜지스터에는 3개의 단자가 있다. 소스는 전하의 공급구, 드레인은 전하의 배수구, 게이트는 전하의 흐름을 조정하는 수문이다. 게이트의 전위를 바꿈으로써 소스에서 드레인으로 전하를 흘려보내거나 멈출 수 있다. 이른바 스위치 역할을 한다.

트랜지스터를 만들려면 먼저 반도체 기판의 표면을 산화시켜 얇은 산화막을 만들고, 그 위에 금속 게이트를 놓는다. 다음으로 반도체 기판에 첨가한 불순물과 반대 극성을 가진 불순물을 위에서 주입

한다. 그러면 게이트의 양쪽 반도체 기판 표면에 불순물이 주입되어 소스와 드레인이 형성된다.[27]

게이트의 단면이 금속-산화물-반도체(Metal-Oxide-Semiconductor)의 구조가 된다고 해서 이를 MOS 트랜지스터라고 부른다. 정전하인 홀(Hole)이 많은 P형 반도체로 소스와 드레인을 형성한 MOS를 PMOS, 부전하인 전자가 많은 N형 반도체를 이용한 것을 NMOS라고 부른다.

NMOS의 동작을 설명해 보자. 소스에는 전자가 모여 있다. 게이트가 소스와 같은 전위일 때는 소스와 드레인 사이의 P형 반도체 기판이 소스와의 사이에 전자 장벽을 만든다. 그래서 드레인과 소스 사이에 전압을 걸어도 전자가 드레인으로 흘러나가지 않는다.

하지만 게이트에 소스보다 충분히 높은 전위를 주면 게이트 바로 아래의 P형 반도체 기판 표면이 N형으로 반전해서 전자가 지나는 길인 채널이 생기고, 소스에서 드레인으로 전자가 흘러간다. 전류의 흐름은 전자의 흐름과 반대이므로 드레인에서 소스로 전류가 흐른다.

PMOS의 동작은 이와 정반대다. 소스에는 홀이 모여 있다. 게이트에 소스보다 충분히 낮은 전위를 주면 채널이 생기고, 소스에서 드레인으로 홀이 흘러가서 전류가 같은 방향으로 흐른다.

CMOS는 NMOS와 PMOS를 동시에 사용한다. 먼저, PMOS의 소스를 전원에, NMOS의 소스를 그라운드에 연결한다. 그리고 양자의 게이트를 연결해서 입력으로 사용하고 드레인을 연결해서 출력으로 사용하여 CMOS 인버터를 구성한다.

CMOS 인버터 입력에 낮은 전위(L)가 들어가면, NMOS는 오프(off)가 되고 PMOS는 온(on)이 되어 출력에는 전원에서 전류가 흘러나가 높은 전위(H)가 나온다. 마찬가지로 입력에 H가 들어가면 출력에서 그라운드로 전류가 흘러나가 출력에 L이 나온다.

PMOS와 NMOS는 동시에 온을 하지 않기 때문에 전원에서 그라운드로 전류가 계속 흘러가지는 않는다. 출력을 H나 L로 변화시키기 위해서만 전류를 쓰기 때문에 소모되는 전력이 적다. PMOS와 NMOS가 이처럼 상호보완적(Complementary)인 동작을 한다고 해서 CMOS라고 부른다.

하지만 트랜지스터를 작게 만들면 드레인과 소스 사이에 리크(누전)가 일어난다. 그 이유를 알기 위해서는 채널이 만들어지는 구조를 조금 더 자세히 살펴봐야 한다.

NMOS의 동작 설명으로 돌아가자. 게이트에 소스보다 충분히 높은 전위를 주면, 왜 P형 반도체 기판의 표면이 N형으로 반전해서 채널이 생길까? 두 장의 금속 전극을 마주보게 한 커패시터(콘덴서라고도 한다)를 떠올려 보자. 먼저 한 장의 금속판 A에 양전하(정전하)를 준다. 전하는 균일하게 분포한다.

다음으로 대전(帶電, 물체가 전기를 띠는 현상–역자) 상태가 아닌 다른 금속판 B를 평행으로 가까이 대면 정전 유도 때문에 금속판 A의 양전하에 당겨져 금속판 B의 안쪽에 음전하가 생기고, 이것과 같은 양의 양전하가 금속판 B의 바깥쪽으로 분극한다. 그 결과, 금속판 A에서도 양전하가 안쪽으로 집중한다.

이어서 금속판 B를 그라운드에 접속하면 금속판 B의 바깥쪽에 분극했던 양전하가 그라운드로 도망간다. 그러나 금속판 B 안쪽의 음전하는 금속판 A의 양전하와 서로 끌어당겨 이동하지 못한다. 그 결과, 커패시터의 내부 전계에 전하를 모을 수 있다.

여기서 금속판 B를 P형 반도체 기판으로 바꿔 놓은 것이 NMOS이다. 금속판 A의 게이트에 소스보다 충분히 높은 전위를 주면 게이트에 양전하가 주어지고, 게이트에 맞은편의 P형 반도체 기판 표면에는 음전하가 모인다. 이 음전하, 다시 말해 전자가 충분히 많아지면 반도체 기판의 표면은 'N형으로 반전'되어 전자가 지나는 길인 채널이 생긴다.

이처럼 채널은 게이트에서 생기는 전계 효과로 제어된다.

하지만 게이트 이외에도 채널에 영향을 주는 커패시터가 잠자고 있다. 바로 드레인이다.

드레인과 반도체 기판의 경계면에서 드레인의 전자가 P형 반도체 기판으로 확산하고, P형 반도체 기판의 홀이 드레인으로 확산한다. 마치 용기 안에서 미리 설탕과 소금을 나눠 놨던 판을 없애면 두 가지가 서로 섞이는 원리와 비슷하다. 전자와 홀 사이에는 정전기가 작용해서 조금 섞이면 그 이상은 확산하지 않는다는 점이 다른 점이다.

그 결과, 드레인과 반도체 기판의 경계면에는 자유롭게 이동할 수 있는 전하가 결핍된 공핍층이 생긴다. 이것이 절연막이 되어 커패시터를 만든다.

트랜지스터를 작게 하면 소스와 드레인의 거리가 짧아지고, 드레인의 공핍층이 소스에 접근한다. 즉, 소스에서 보면 드레인도 작은 게이트이다. 따라서 게이트를 닫고 있어도 드레인에 양의 전위를 주면 소스의 전자를 가두고 있던 장벽이 조금 내려가서 리크(누설)를 하는 것이다.

만약 아주 작은 리크가 발생하더라도 트랜지스터를 100억 개나 집적하면 큰 누전이 된다.

누전의 원인은 게이트의 지배력이 떨어지기 때문이다. 그럼 게이트의 지배력을 개선하려면 어떻게 하면 좋을까? 먼저 재료를 바꾸는 방법이 있다.

게이트 산화막을 유전율이 높은 재료로 바꿀 수 있다. 이것은 유효한 수단이지만, 미세화가 진행되면서 곧 그 효력도 약해졌다.

다음으로는 구조를 바꿀 수밖에 없다.[28]

그래서 게이트를 2개로 하고 채널을 양쪽 사이에 끼우는 구조로 바

[그림 3-3] 트랜지스터의 구조개혁

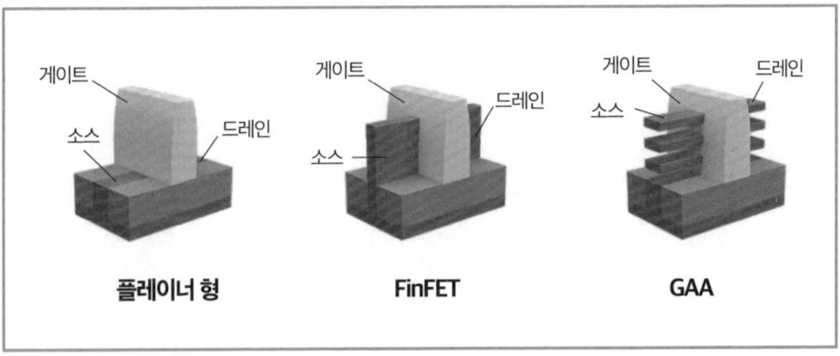

(출처) Lam Research

꿨다. 새로 추가하는 게이트를 채널 아래에 만들면 제조 비용이 비싸지기 때문에 채널을 반도체 기판의 표면에서 세우고, 그 양쪽에 게이트를 만들었다.

이것이 FinFET이다(그림3-3 중앙). 모양이 물고기의 지느러미(Fin)와 닮은 전계 효과 트랜지스터(Field-Effect Transistor, FET)라고 해서 이런 이름이 붙었고, 16㎚ 세대부터 채택되었다.

2㎚ 세대가 되면 게이트의 지배력을 한층 더 높인 구조가 필요해진다. 그래서 게이트가 채널을 둘러싼 구조를 연구 개발하고 있다. 이것이 GAA(Gate All Around)이다(그림3-3 오른쪽). 온(on)을 했을 때, 게이트에서 주위를 감싸는 얇은 채널에 충분히 큰 전류가 흘러야 한다. 이를 위한 재료 물성이 연구되고 있다.

좀 더 대담하게 비유를 해 보겠다. 호스의 물을 막고 싶다. 원래는 검지로 호스를 위에서 눌러서 막았다(플레이너 형). 그렇게 했더니 점점 물이 새길래 이번에는 엄지와 검지를 사용해 양쪽에서 호스를 눌러 막았다(FinFET). 마지막에는 다섯 손가락을 다 써서 호스를 꽉 움켜쥐었다(GAA).

배선의 구조개혁

회로의 집적도가 늘어나면 칩의 소비 전력이 늘어서 발열량이 많아지고, 온도가 올라간다. 그래서 칩이 고장 나지 않도록 전력의 허용 범위를 정한다.

전력을 늘리지 않고 집적도를 높이려면 전원 전압을 낮추는 것이 유효하다. 전원 전압을 절반으로 낮추면 CMOS 회로의 소비 전력을 1/4로 절감할 수 있으므로 집적도를 4배 높일 수 있다. 1980년대는 전원 전압이 5볼트였지만, 현재는 0.5볼트이다. 이론적으로는 실온에서 0.036볼트까지 전원 전압을 낮출 수 있다.

그러나 그전에 큰 과제가 가로막고 있다. 바로 전원 배선이다.

전력은 전압과 전류의 곱으로 정해진다. 집적도를 높여도 전력이 늘어나지 않도록 전압을 낮추면, 그만큼 전류가 증가한다. 예를 들어 전력이 50와트인 경우, 전압이 5볼트라면 전류는 10암페어이지만, 전압이 0.5볼트로 내려가면 전류는 100암페어로 커진다.

전자레인지나 핫플레이트가 10암페어다. 그보다 10배 많은 대전류를 어떻게 1㎝짜리 작은 칩에 공급할까?

그러려면 전원 배선을 굵고 두껍게 해야 한다. 그 결과, 칩의 전원 배선은 미세화에 역행하듯 굵고 다층이 되었다. 반도체 기판 위에 형성되는 배선층은 1980년대에는 2~3층이었지만, 최근에는 15층을 넘는다.

저층은 단거리 배선으로, 중층은 원거리 배선으로, 그리고 상층은 전원 배선에 이용된다. 저층일수록 얇고 가느다랗고, 상층일수록 두껍고 굵직하다. 전원 배선 때문에 배선이 굵어지는 것이다. 또한 인체의 모세혈관에서 대정맥까지 이어지는 것처럼 온갖 배선이 칩 전체에 둘러쳐져 있다.

트랜지스터를 미세화할수록 전원 배선은 굵고 두꺼워야 한다. 이 딜레마를 해결하기 위해 전원 배선을 반도체 기판 안에 심어 전원을 칩 뒷면에서 공급하는 구조개혁을 시작하려 하고 있다.

한계설의 트렌드

미세화는 이제 한계에 다다랐다는 말이 나온 지도 꽤 됐다.
사실 1980년대부터 그런 지적이 반복되어 왔다. 하지만 그러한 지적을 극복하고 지금도 미세화는 이어지고 있다.

이 사실을 한계설의 트렌드라며 야유하는 사람도 있다. '10년 후에는 한계가 온다.'라는 주장이 빈번하게 40년 이상이나 이어지고 있음을 비꼬는 말이다. 하지만 다른 관점에서 보면 이대로 방치했을 때 10년 후 무엇이 한계에 다다를지 명확히 알고 있었기에 우리는 그 한계를 넘어왔다고도 말할 수 있다.

실제로 게이트 산화막을 유전율이 높은 재료로 바꾸는 것은, 불가능하다고 여겨지는 도전이었다. 1,000만 개가 넘는 트랜지스터를 높은 수율로 제조할 수 있었던 것은 실리콘 기판의 표면을 산화해서 양질의 게이트 산화막을 만들었기 때문이었다. 하지만 실현 불가능하다는 의견이 우세했음에도 고유전율 게이트 절연막은 실용화되있다.

또한 반세기 가까이 이어진 트랜지스터의 플레이너 형 구조가

FinFET이나 GAA로 대담하게 구조개혁되었다. GAA의 PMOS와 NMOS의 위아래에 겹겹이 쌓는 CFET 연구도 시작되었다. 앞으로는 교과서를 10년마다 다시 써야 할지도 모른다.

인텔의 CEO 팻 겔싱어는 2001년에 이렇게 경종을 울렸다.

'현재의 CPU는 표면의 1㎠당으로 환산하면 100와트를 넘는 전력 밀도가 되고, 이것은 원자로에 가까운 숫자다. 펜티엄(CPU의 명칭) 시절에는 핫플레이트 레벨이었지만, 이대로 가면 10년 후에는 태양의 표면과 같은 수준의 전력 밀도가 될 것이다.'

물론 위기는 회피되었다.

도시바연구소에 있었을 때, 선배에게 배운 것이 있다.

'불가능이라는 말은 하면 안 된다. 지금은 불가능하다고 생각되어도 미래에 가능해질지도 모른다. 그저 매우 곤란할 뿐이라고 말해야 한다.'

나는 이 말을 마음에 새기고 있다.

04

AI 칩

―뇌에게 배운다

수학에서 탄생한 컴퓨터

아주 먼 옛날, 인간은 손가락을 접어 수를 세고 걸음수를 세서 측량했지만 큰 수를 인지할 수 없었다. 수학이 신체에 머물러 있었다. 그런데 4대 문명기에는 계산기가 등장했고, 인간의 인지 능력이 확장되었다.

앞서 말했듯이 고대 그리스 시대 이후에는 수학의 내부 세계가 연구 대상이 되면서 수학은 도구에서 사고(思考)로 진화했다. 15세기 르네상스 시대에 기호대수(記號代數, symbolic algebra, 모든 식과 연산을 기호적 언어로 표현하는 대수학의 한 종류-역주)가 발명되어 실제 세계에서는 표현할 수 없는 n차원의 공간도 고찰할 수 있게 되었다. 이렇게 수학은 물리적 제약을 받지 않는 보편적인 관점을 획득했다.

17세기가 되자 미적분이 고안되면서 무한의 세계를 탐구할 수 있게 되었다. 극한이나 연속성의 개념을 엄밀히 성찰한 결과, 주관적인 직감을 초월한 추상적 기호 체계도 생겨났다. 그리고 20세기가 되자 수학을 하는 자신의 사고에 대해 수학을 하는 시도까지 나타났다.

이렇게 신체를 벗어나 뇌에 머물고 있던 수학은 물리적 직관이나 주관적 감각과 같은 애매한 것을 버리고 뇌에서 벗어났다. 그것이 바로 컴퓨터이다.

초기 전자식 컴퓨터는 진공관이 자주 고장을 일으켰다. 진공관은 전극을 뜨겁게 해서 전자를 기체 속으로 방출하고, 그 전자의 흐름을 제어하는 디바이스다. 가정의 백열전구와 마찬가지로 시간이 지나면서 전극이 약해지고, 머지않아 단선된다.

그래서 기체가 아닌 고체 속에서 전자를 제어하는 트랜지스터가 1948년에 발명되었다. 디바이스의 신뢰성은 단숨에 높아졌다.

제2장에 나왔던 내용을 다시 보자면, 컴퓨터의 기능이 회로를 배선하는 방법에 따라 정해지는 '배선 논리'에는 두 가지 과제가 있었다. 처리할 수 있는 프로그램의 최대 규모가 하드웨어 규모로 제약되는 '규모 제약 문제', 그리고 시스템의 규모가 커지면 접속 수가 방대해지는 '대규모 시스템의 접속 문제'다.

그래서 폰 노이만은 복수의 연산기를 물리적으로 배선하는 것이 아니라 연산기 하나에 매 사이클 다른 명령을 실행시키는 '프로그램 내장 방식(폰 노이만 아키텍처)'을 발명해서 규모 제약 문제를 해소했다.

한편, 잭 킬비는 1958년에 집적회로(IC)를 발명했다. 포토 리소그래피를 이용해서 칩 한 장에 소자와 배선을 집적함으로써 '대규모 시스템의 접속 문제'를 해결했다. 이윽고 실리콘이 IC에 가장 적합한 재료라는 사실을 알아냈다.[29]

이렇게 단순화·극소화된 연산 자원을 실리콘 칩에 집적화·병렬화함으로써 컴퓨터의 성능은 비약적으로 향상되었고, 컴퓨터는 성능이 좋아진 덕분에 더 큰 규모의 집적회로를 설계할 수 있게 되었다. 이처럼 폰 노이만 아키텍처와 집적회로와 실리콘이 만나고 컴퓨터와 칩이 손을 잡아서 지수 함수적 진화를 이룬 것이다.

일을 하면 에너지를 소비한다. 전자회로의 업무량, 그러니까 성능은 급전과 방열의 제약을 받는다. 에너지, 혹은 에너지의 유속(흐르는 속도 - 역자)인 전력의 효율을 높이면 칩의 성능도 좋아진다.

칩의 전력 효율은 과거 20년 동안 세 자릿수가 개선되었고, 뇌의 1/100 정도까지 향상했다. 칩의 집적도도 뇌 신경 세포 수의 1/100 정도다. 이 기세라면 10년 후에는 뇌를 따라잡을지도 모른다. 하지만 폰 노이만 아키텍처는 대량의 데이터와 명령이 프로세서와 메모리 사이를 오가는데, 이 부분이 보틀넥이 되어 있다(폰 노이만 병목 현상). 또한 실리콘 칩은 이번 세기에 들어와 디바이스의 치수가 100㎚보다 작아졌을 즈음부터 양자(量子, quantum) 효과가 나타나 누설 전류를 다 막을 수 없게 되었다. 반세기 전에 탄생한 컴퓨터와 칩의 성장에 한계가 보이기 시작한 것이다.

그러나 한계를 맞이하기 전에 컴퓨터는 스스로 학습하는 능력을 갖췄다. 기계 학습이다. 그리고 뇌의 신경 회로망을 모방한 AI 칩이 탄생했다.

뇌에게 배우는 AI 칩

신경 회로망(Neural Network, NN)을 설계하기 위한 기술이 20세기에 개발되었지만 4층 이상의 심층 신경 회로망을 학습시키기란 곤란했다.

하지만 21세기에 들어와 오토 인코더의 심층화에 성공하여 학습에 필요한 컴퓨터 성능이 충분히 높아졌다. 그 결과 심층 학습이 기존의 정보 처리에 비해 압도적으로 높은 처리 성능을 발휘하게 되면서 급속히 실용화되었다.[30]

회로망의 구성이나 아키텍처의 연구도 진행되었다. 화상 인식에서는 가까운 신호만 결합시키는 합성곱 신경망(Convolutional Neural Network, CNN)에 성공했다. 또한 음성이나 자연 신호 처리처럼 시계열 데이터를 다루는 인식 처리에서는 재귀형 신경 회로망(Recurrent Neural Network, RNN)이나 장·단기 기억(Long Short-Term Memory, LSTM)이 연구되었다. 최근에는 중요한 부분에 주목하는 구조인 어텐션(attention)이 도입되었고, 셀프 어텐션 기구를 이용함으로써 RNN의 재귀 구조를 이용하지 않는 트랜스포머(transformer) 아키텍처가 주목받고 있다.

이 모든 것은 우리의 뇌에서 힌트를 얻어 연구가 진행된 것들이다. 그중에서도 중요하다고 보는 것이 신경 회로망의 가지치기(프루닝, pruning)이다.

우리 뇌의 시냅스는 태어날 때 50조 개 정도밖에 없지만, 생후 12개월까지 1,000조 개로 늘어난다. 하지만 그 후에는 학습에 따라 시냅스가 감소한다. 신호가 지나면서 강화된 시냅스는 남지만, 신호가 오지 않는 불필요한 시냅스는 가지치기를 해서 사라진다. 10세쯤까지 시냅스가 절반으로 줄어들고, 그 후에는 변화가 적어진다. 그러니까 유아기 초기까지 완전 결합에 가까운 신경 회로망이 형성되지만, 학습하면서 불필요한 배선이 제거되고 필요한 배선만이 남는 것이다. 이렇게 해서 군더더기 없는 기능적인 뇌 회로가 형성된다.

아이의 뇌는 학습하기 위해 성장하고, 어른의 뇌는 효율적으로 추론하기 위해 가지치기를 한다. 작게 낳아서 크게 키우고, 사회에 나가 배우게 하는 전략은 뇌가 발달한 포유류의 생존 전략일 것이다.

뇌와 실리콘 뇌

뇌와 실리콘 뇌에 관한 이야기를 해 보자. 수학에서 탄생한 폰 노이만 아키텍처의 컴퓨터는 미리 프로그램된 상태 천이(state transition)에 따라 견고한 정보 처리를 한다. 그것은 흡사 유전적으로 기능이 갖춰진 시상(視床)·편도체·소뇌와 닮았다.

한편, 뇌에게 배운 배선 논리형 신경 회로망이 개방계에서 학습을 지속하면서 가지치기(pruning)를 하고, 시간 불가역으로 유연하게 에너지 효율적으로 정보 처리를 한다. 마치 사회에서 학습하는 대뇌피질과 비슷하다.

이처럼 실리콘 뇌는 인간의 뇌를 참고로 그릴 수 있다. 그럼 실리콘 뇌는 인간의 뇌와 비슷한 구조가 될 수 있을까?(그림3-4)

"대단한 다이내믹 레인지다!"

1981년, 연구실 선배인 아이하라 가즈유키(현재 도쿄대학 특별 교수)가 외쳤다. 신경 축삭(축색, 축색돌기라고도 함-역주)의 활동 전위 발생과 전

[그림 3-4] 실리콘 뇌

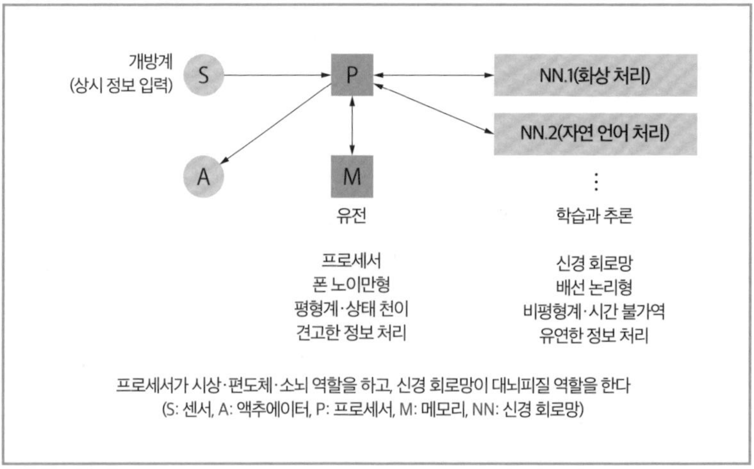

(출처) 필자 작성

파를 기술한 비선형 미분 방정식의 호지킨 헉슬리 방정식을 계산기로 해석했더니, 신경 축삭의 저항값이 크게 변화한 것이다.

비슷한 특성을 가진 인공물을 만들어내는 일은 만만치 않다. 뇌와 실리콘 뇌는 새와 비행기처럼 원리와 구조가 달라질지도 모른다.

신경 회로망은 배선 접속이 기능을 정하는 '배선 논리'이다. 제조 후에 회로를 프로그램할 수 있는 FPGA에 나는 기대를 모으고 있다.

【column】

LSTC의 전략

기술 연구조합 최첨단 반도체 기술 센터, 줄여서 LSTC(Leading-edge Semiconductor Technology Center)가 2022년 12월 21일에 설립되었다.

LSTC은 2㎚ 노드보다 더 얇은 차세대 반도체를 단(短) TAT(Turn Around Time)로 양산하기 위한 설계나 디바이스, 제조, 장치, 재료에 관한 기술 전략을 책정하고, 연구 개발하는 것을 사명으로 한다. 이를 위해서 개방적인 연구개발플랫폼을 구축할 예정이다. 여기서, 단(短) TAT란 개발이나 생산 개시부터 종료까지 걸리는 시간을 짧게 하는 것을 말한다.

구체적인 개발 과제로는 단 TAT에 회로 설계와 검증을 할 수 있는 도구나 수법, 기존의 반도체 성능을 능가하는 혁신적인 반도체 디바이스 기술, 단 TAT나 2㎚ 노드보다 더 얇은 반도체 개발에 공헌하는 제조 및 계측 기술, 반도체의 고성능화에 이바지하는 재료, 하드웨어의 성능 향상과 단 TAT를 동시에 실현하는 3D 패키지 기술, 그리고 새로운 사업을 창출할 수 있는 새로운 디바이스가 있다.

과제 해결에 박차를 가하기 위해 미국의 국가과학기술회의 NSTC(National Semiconductor Technology Center)나 유럽의 imec과 적극적으로 연계한다. 아울러 영속적인 반도체 산업의 발전을 위해 반도체 인재 육성에 힘을 쏟는다.

LSTC의 조합원으로는 반도체에 관련된 과학 기술의 연구 교육을 짊어진 산업기술종합연구소, 이화학연구소, 물질·재료 연구기구, 도호쿠대학, 쓰쿠바대학, 도쿄대학, 도쿄공업대학, 오사카대학, 고에너지 가속기 연구기구, 그리고 양산을 맡은 라피더스다.

LSTC의 전략을 생각할 때 참고가 되는 기술연구조합의 사례가 두 가지 있다.

하나는 초 LSI 기술연구조합이다. 1976년부터 1980년까지 활동하면서 80년대 일본 반도체 산업의 번성기를 가져오는 요인을 만들어 냈다. 후지쓰, 히타치제작소, 미쓰비시전기, 도쿄시바우라전기(현 도시바), 니혼전기, 니치덴도시바 정보시스템, 컴퓨터종합연구소로 7개 회사가 대동단결하여 각 회사에 공통하는 두 개의 기술 과제, 즉 초LSI용 제조 장치 개발과 대구경 고품질 웨이퍼의 제조 기술을 연구 개발했다.

개발된 축소 투영형 노광 장치(스테퍼)는 세계 시장을 점유하고 반도체 제조 장치의 일본화 비율을 20%에서 70%까지 끌어올리는 데 공헌했다.[31] 또한 경쟁 회사의 기술자들이 공통 기술 과제에 공동으로 도전하는 방식은 세계의 본보기가 되었다.

두 번째 사례는 최첨단시스템 기술연구조합, 줄여서 RaaS(Research Association for Advanced Systems)이다. 2000년 이후, 일본의 반도체 산업이 쇠퇴함에도 불구하고, 기술과 인재를 보전하면서 전략을 그려 두었다. 이것이 곧 부흥기를 맞이할 것이라는 기대감으로 이어지고 있다.

전략 목표는 에너지 효율 개선과 개발 효율 개선이다. 시대의 흐름을 읽은 이 전략은 라피더스나 LSTC의 전략으로 이어졌다.

RaaS는 민간의 협력으로 2020년에 시작했다. 돗판인쇄(Toppan Printing), 파나소닉, 히타치제작소, 미라이즈 테크놀로지까지 4개 회사가 참가했다. 마치 썰물처럼 반도체 사업 철퇴가 잇따르는 가운데, 하드웨어의 힘을 아는 경영자가 판단해 내린 결과다.

게다가 외국계 EDA 벤더나 파운드리의 일본 오피스가 일본의 반도체 산업이 쇠퇴하는 것을 염려해서 본사와 교섭을 하여 온 힘을 다해 RaaS를 지원했다. 이렇게 힘을 모은 덕분에 당시 최첨단이었던 7㎚ 노드의 설계 환경을 만들 수 있었다.

또한 2023년 4월부터 아드반테스트와 이화학연구소가 RaaS에 합류한다. 과학에 기여하는 반도체를 발판삼아 반도체의 민주화를 추진해 나갈 것이다.

한편, 에너지 효율을 높이기 위해 일본이 보유하는 강한 기술군을 모은 3D 집적 기술을 연구 개발하는 NEDO(신 에너지·산업 기술종합개발기구) 프로젝트가 2021년에 시작되었다. SCREEN 홀딩스, 파나소닉 커넥트, 다이킨 공업, 후지필름이 참가하며 핵심이 되는 기술 개발에 몰두하고 있다.

LSTC가 이 두 개의 기술연구조합에서 배울 점은 적지 않다. 먼저 미일을 기축으로 한 국제 제휴 속에서 대동단결하여, 인류 공통의 과제인 에너지 효율 개선과 개발 효율 개선에 중점을 두고 연구 개발을 진행해야 한다.

다음으로 풍부한 산업 에코시스템을 만들고, 거기에 모이는 자에게 공생과 공진화(共進化)를 촉진하여 지속 가능하면서 유연한 산업

발전으로 이어지게 해야 한다.

그리고 부분 최적화가 아닌 종합 최적화를 목표로, 설계부터 디바이스, 제조, 장치, 재료를 모두 연구하는 노력이 필요하다.[32]

마지막으로, 결국 기술은 사람이다. 그러니까 인재 육성이 영속적인 발전에 반드시 필요하다. 매력 있는 오픈 플랫폼을 만들어서 국제적인 두뇌를 끌어들이는 것이 중요하다.

해는 다시 떠오른다. 아침이 밝아올 것에 대비하여 기술과 인재를 갈고 닦아 전략을 짜는 것이 LSTC의 사명이다.

초 LSI 기술연구조합도, LSTC도, 전용 반도체 시대가 막을 올릴 때 생겨났다는 점이 우연치고는 흥미롭다.

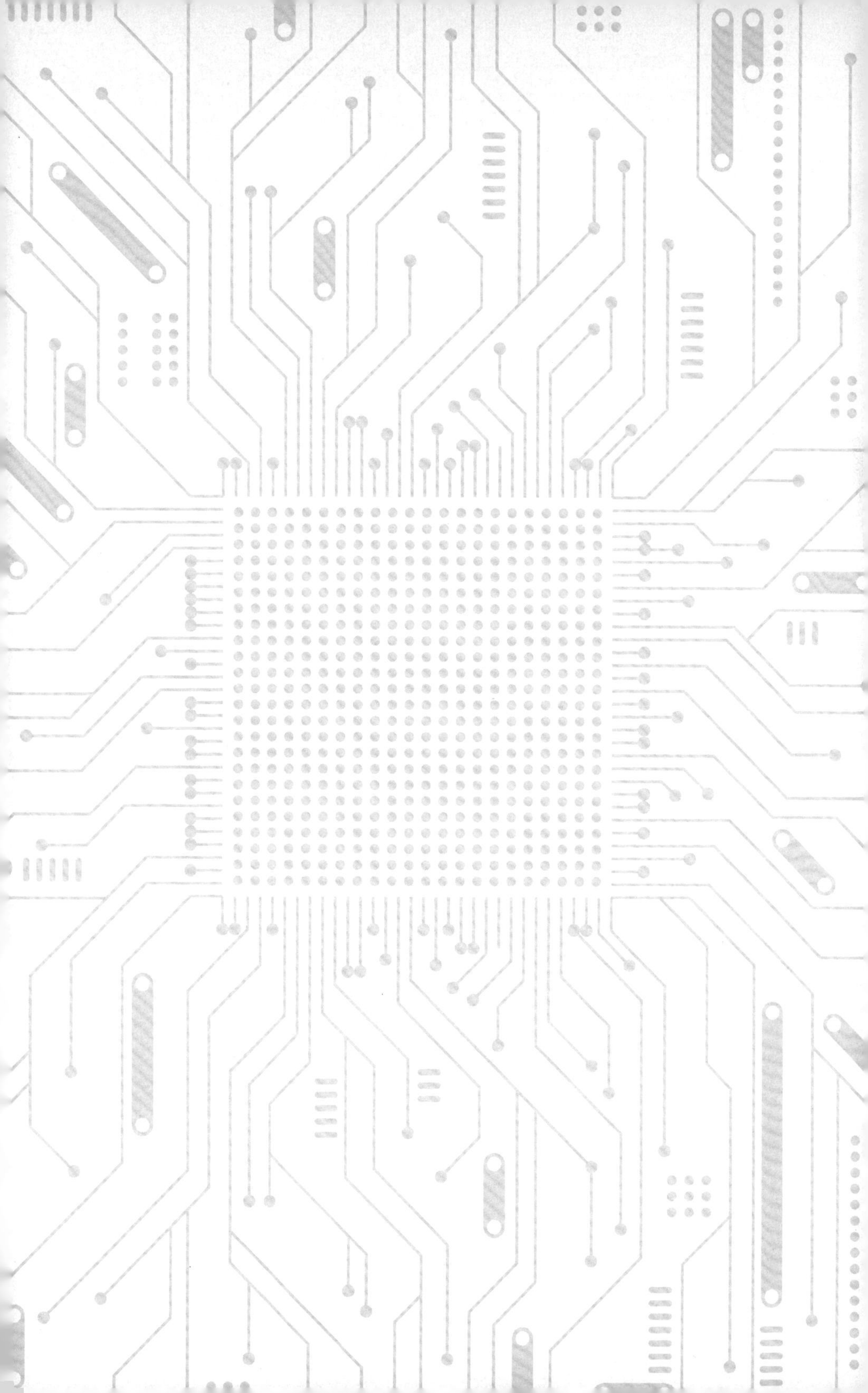

04

백화요란

百花擾亂

온갖 꽃이 불타오르는 듯 피어
매우 화려하다

[More than Moore]

01

2D에서 3D로

—집적회로의 다음 반세기

대규모 시스템의 접속 문제

집적회로(칩)가 발명된 배경에는 대규모 시스템의 연결 문제가 있었다.

1946년에 개발된 전자계산기 에니악(ENIAC)은 사람이 500만 군데의 선을 직접 연결해야 했다. 시스템의 규모가 커지면 연결해야 할 수가 기하급수적으로 증가한다. 이 문제는 '숫자의 위력'이라 불리며 다양한 각도에서 대응책이 검토되었다. 그 중 가장 결정적 해결책이 집적회로였다.

그 이후로 칩은 '무어의 법칙'으로 지수 함수적인 성장을 이루고,

그와 보조를 맞추어 컴퓨터의 성능도 비약적으로 향상되었다. 그러나, 대량의 데이터가 메모리와 프로세서를 이동하면서 칩 간의 통신이 에너지 효율을 저하시키는 요인이 되었다. 그 유명한 폰 노이만 병목 현상이다.

게다가 데이터의 급증도 어우러져 '에너지 효율 개선 없이는 컴퓨터의 성능 개선도 없다'는 상황이 현재까지도 이어지고 있다.

CMOS 회로의 소비 에너지는 부하 용량에 비례한다. 연산회로의 부하 용량은 디바이스의 미세화로 줄일 수 있다. 그러나 데이터를 이동시키기 위해서는 통신로를 따라 모든 용량을 충방전해야 한다. 그래서, 디바이스를 미세화해도 통신 거리가 바뀌지 않으면 소비 에너지를 줄일 수 없다. 연산보다 데이터 이동이 훨씬 더 큰 에너지를 소비하기 때문이다.

예컨대 64비트의 데이터를 연산하는 것에 비해 그 데이터를 칩 끝까지 이동할 때는 에너지가 50배 더 필요하며 칩 밖에 있는 DRAM으로 이동하려면 에너지가 200배 더 필요하다.

칩 간의 통신이 큰 에너지를 소비하게 된 또 다른 이유는 전송 속도를 억지로 고속화했기 때문이다. 그 배경에는 통신 채널을 칩 주변에만 제한적으로 배치할 수 있어서 그 수를 더 늘리지 못하는 사정이 있었다.

먼저, 칩의 연산 성능은 해마다 70%씩 향상한다. 트랜지스터 속도가 15% 빨라지고, 기능의 집적도가 49% 증가한 결과다.

칩의 성능이 높아진 만큼 칩에 출입하는 신호의 속도도 빨라지지 않으면 높아진 성능을 활용할 수가 없다. 논리 규모의 확대에 따라 입출력 단자 수를 얼마나 증가시킬 필요가 있는지에 대한 경험칙인 '렌츠의 법칙'으로 유추하면, 칩 간의 신호 전송을 연 44%로 고속화할 필요가 있다.

그러나 디바이스의 스케일링으로는 칩 간의 통신 속도를 연 28%밖에 고속화하지 못한다. 트랜지스터는 속도가 15% 빨라지지만, 신호는 칩 주변에서만 출입할 수 있기 때문에 기능의 집적도를 11%밖에 늘리지 못하기 때문이다.

가령 칩의 전면(全面)에 신호 채널을 배치해도 회로 기판이 충분한 다층 구조가 아니면 칩의 주변에서 배선이 복잡해지는 탓에 칩의 전면(全面)을 이용하기란 어렵다.

이 차이를 채우기 위해 통신 채널을 고속화하는 회로 기술을 구사해 왔다. 그러나 일반적으로 트랜지스터의 성능 한계까지 억지로 성능을 끌어내기 위해서는 큰 에너지가 필요하다.

칩 간 통신에 필요한 에너지는 130nm 세대(2000년경)부터 증가로 돌아섰다. 그리고 이 이상의 고속화는 슬슬 한계에 다다르고 있다.

이러한 문제에서 알 수 있듯이, 컴퓨터의 에너지 효율을 높이는 방법은 메모리와 프로세서의 접속 거리를 짧게 하고 접속 수를 늘려서 무리 없는 속도로 신호 전송을 하는 것이다. 그러니까 칩을 쌓아 단거리로 접속하고, 면 전체를 사용해서 알맞은 속도로 통신해야 한다. 칩이 2D(평면)에서 3D(입체)로 진화하는 이유가 여기에 있다.

칩 안에서의 집적에만 의존할 수 없게 되고, 2D에서 3D로 칩이 진화하는 현재에 한층 더 획기적인 '접속 문제의 해답'이 요구되고 있다.[33]

실리콘 관통 전극(TSV)과 자계 결합 통신

그래서 칩을 적층하여 수직 방향으로 배선 접속하는 실리콘 관통 전극(Through Silicon Via, TSV)의 연구 개발이 1990년대에 시작됐다. 이전에는 칩의 표면에서 몇 미크론 이내를 가공했는데, 이번에는 몇십 미크론을 가공하기 때문에 쉽지 않다. 게다가 납땜 접속의 미세화가 무척 어려웠다. 그리고 재료의 열팽창 계수가 달라서 생기는 응력으로 신뢰성 문제도 생겼다.

TSV는 아직 비용이 많이 들고 신뢰성이 낮다. 사반세기가 지난 지금도 해결할 길이 보이지 않는다.

근래에는 납땜으로 접속하지 않고 구리의 전극끼리 직접 접속하는 웨이퍼 접합 기술의 진보가 뚜렷하다. 이는 Cu–Cu 직접 접합이라고 부른다. 혹은 접합면에 구리 전극과 실리콘 산화막이 존재한다고 해서 하이브리드 본딩이라는 이름으로도 불린다.

한편, 기계식 접속이 아니라 회로 기술로 칩과 칩을 접속하는 기술도 등장했다. 자계(磁界) 결합 통신(ThruChip Interface, TCI)이 바로 그것이다. 이것은 칩의 배선으로 코일을 감아 디지털 신호에 맞춰 코일에 흐르는 전류의 방향을 바꾼다. 그러면 자계(자기장)의 방향이 바뀐다. 다른 칩은 코일에 생기는 신호의 극성을 검지해서 디지털 신호로 되돌리는 방식이다.[34] 즉, 코일 간의 자계 결합으로 칩 간 통신을 하는 것이다.

반도체 칩에 이용되는 재료는 모두 투자율이 1이기 때문에 자계는 칩을 깔끔하게 관통할 수 있다. 또한 전계(電界) 효과를 이용하는 CMOS 회로와 간섭할 염려가 없다. 그리고 TSV가 접촉식으로 접속하는 반면, TCI는 표준 CMOS 회로로 비접촉식 접속을 한다는 점이 최대 장점이다.

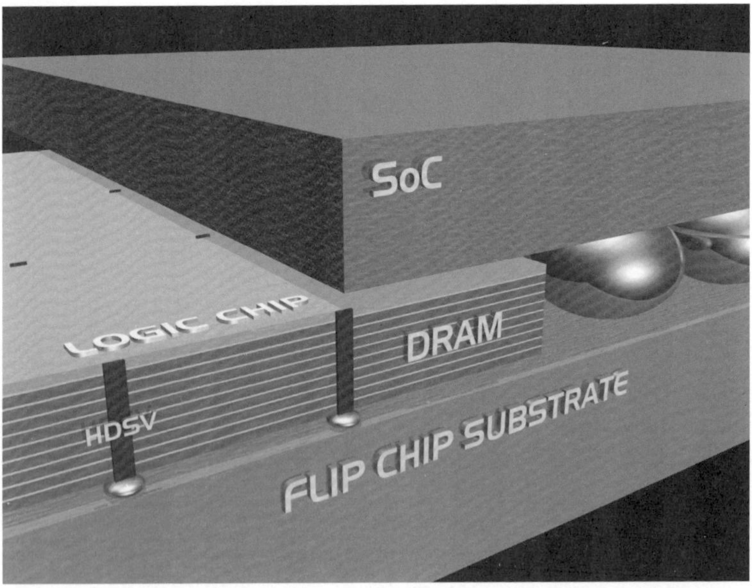

[그림 4-1] 메모리나 프로세서를 패키지 안에서 3D로 실장(實裝)하면 에너지 효율을 높일 수 있다
(출처: 필자 작성)

TCI는 칩의 제조 프로세스를 바꾸지 않고 디지털 회로 기술로 실현할 수 있기 때문에 누구나 저렴하게 구현할 수 있다. TSV가 적용된 DRAM은 가격이 1.5배 이상 비싸지지만, TCI를 적용하면 1.1배 이하로 맞출 수 있다. 게다가 칩을 얇게 할수록 TCI의 성능 대비 코스트를 지수 함수적으로 개선할 수 있다.

예를 들어 칩을 1/2로 미세화하고 칩의 두께를 1/2로 얇게 만들면, TCI의 데이터 전송 속도를 8배로 높이고 에너지 소비를 1/8로 줄일 수 있다.

단, TCI는 전원을 접속할 수 없다. 전원 접속은 TSV로 하고, 신호 접속은 TCI로 하는 것이 현실적이다. 그렇다면 신호 접속도 TSV로 하면 되지 않느냐고 의문을 가질 수도 있는데, 사실 TSV의 불량은 오픈(단선) 불량이다. 따라서 여분의 신호선(redundancy)이 없는 곳에서는 사용하기 힘들다. 하지만, 초병렬로 접속되어 있는 전원선에는 문제없이 쓸 수 있다.

TSV 대신에 고농도 불순물 영역에서 전원 접속을 하는 신기술, 고농도 불순물 첨가 실리콘 전극(Highly Doped Silicon Via, HDSV)의 연구개발도 이루어지고 있다.

이처럼 칩이 2D에서 3D로 진화하면서 칩의 전력 밀도는 높아진다. 그러나 에너지 효율을 높이기 위해 칩이 2D에서 3D로 진화함에 따라 전력 효율을 한층 더 개선하라는 요구에 직면하고 있다(그림 4-1).

불연속적인 기술을 살리는 시대

연구 결과물이 실용화되는 것은 극히 일부분이다. 특히 불연속적 기술(파괴적 기술)이 실용화되기는 더욱 힘들다. 반도체 칩의 배선(접속) 기술에 있어서는 프로세서 회사와 메모리 회사 모두 신기술을 납득할 수 있어야 적용 가능하다.

프로세서 회사에 가서 TCI를 소개하면, 상대는 귀기울여 이야기를 듣고 난 뒤 메모리에는 언제 TCI가 탑재되느냐고 묻는다.

반면 메모리 회사에 가서 프로세서 회사가 TCI에 강한 관심을 보인다고 이야기하면, '변화가 큰 신기술이니만큼 메모리 회사는 큰 고객이 구매 의사를 밝히지 않는 이상 도입하기 힘들다'라며 떨떠름한 표정을 짓는다. 메모리 사업은 범용품 사업이기 때문에 이렇듯 항상 보수적이다. 닭이 먼저냐, 달걀이 먼저냐 하는 미궁에 계속 빠져 있다.

하지만 에너지 효율의 개선 없이 컴퓨터의 성능 개선도 없다는 상황에 몰리자, 거기서 빠져나가기 위해 2D에서 3D로 집적회로의 새로운 시대를 열어야 할 처지에 놓였다. 불연속적인 기술 – 혁신적인 기술이라고도 부를 수 있다 – 입장에서는 기회가 찾아왔다.

그래도 메모리 회사를 움직이기란 여의치 않아서 우선 SRAM을 적층해서 DRAM에 필적할 대용량을 실현하고, 프로세서와 접속하는 것부터 시작하는 것이 좋다고 본다. SRAM은 프로세서 회사가 개발할 수 있기에 단독으로 결단을 내릴 수 있기 때문이다. 게다가 DRAM의 스케일링(미세화)이 이제 곧 멈출 것 같다는 이유도 있다.

02

반도체 큐브

─가로에서 세로로

팬케이크 모양(수평)과 슬라이스 빵 모양(수직)

3D(입체) 집적은 메모리에서 시작됐다. 먼저 DRAM 칩이 2장 적층된 HBM(고대역폭 메모리)이 시장에 투입되었고, 그 후 적층 장수가 4장, 8장, 12장으로 늘어났다.

다음으로 메모리와 로직의 3D 적층도 시작됐다. 2장의 SRAM 칩을 로직 칩 위에 적층 설치한 프로세서가 어드밴스드 마이크로 디바이스(AMD)에서 발표되었다. 캐시 메모리를 대용량화해서 프로세서의 전력 성능을 30% 개선했는데, 이 성능 개선은 미세화를 1세대 진

[그림 4-2] 큐브의 칩을 슬라이스 빵처럼 세우면 방열, 급전, 통신 성능이 높아진다

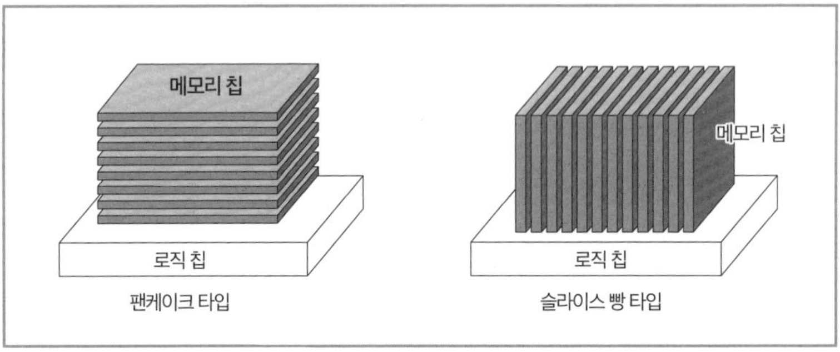

(출처) 필자 작성

행했을 때의 효과에 필적한다. 그야말로 More than Moore다.

어느 경우든 칩을 평평하게 쌓는다. 세로로 세워서 나열하는 사람은 없다. 칩은 한 변이 1㎝이고 두께가 0.1㎜ 정도이다. 그런 얇은 칩을 세우려는 생각은 하지 않는다. 적어도 10장 정도를 쌓는 동안에는…….

하지만 칩을 100장 켜켜이 쌓으면 어떻게 될까. 두께는 1㎝가 된다. 즉, 정육면체(큐브)가 된다. 메모리 칩을 100장 쌓아서 메모리 큐브를 만들고, 로직 칩 위에 적층한다고 생각해 보자. 큐브 안 메모리 칩의 적층 방향은 두 가지로 생각할 수 있다. 가로로 놓는 것과 세로로 세우는 것이다. 전자를 팬케이크 타입, 후자를 슬라이스 빵 타입이라고 부르겠다. 슬라이스 빵이란 미리 잘라 놓은 식빵을 말한다(그림4-2).

사실 팬케이크 타입보다 슬라이스 빵 타입이 더 많은 장점을 가지고 있다.

첫째, 열이 잘 빠져나간다.

칩 기판의 실리콘은 배선 절연막의 실리콘 산화막에 비해 150배나 열을 잘 전파한다. 슬라이스 빵 타입은 실리콘 기판이 열을 아래에서 위로 나가게 해 준다. 팬케이크 타입은 담요를 몇 장이나 쌓아 놓은 것과 같아서 실리콘 산화막이 열이 빠져나가는 것을 방해한다.

3D 집적의 최대 과제는 방열(放熱)이다. 많은 칩을 쌓으면 개수에 비례해서 발열량이 높아진다. 이 열을 패키지 위쪽의 방열판에 어떤 식으로 전파시키는가가 과제다. 이 점에서 슬라이스 빵 타입은 팬케이크 타입에 비해 훨씬 더 유리하다. 예컨대 팬케이크 타입으로 쌓으면 큐브 안의 최고 온도가 200℃에 이르는 경우도 슬라이스 빵 타입으로 바꾸면 100℃로 줄일 수 있다.

둘째, 통신을 하기가 쉽다.

팬케이크 타입은 메모리 칩이 겹쳐지기 때문에 아래에 놓인 칩일수록 로직 칩과의 접속 배선이 많이 지나간다.

그리고 메모리가 팬케이크처럼 쌓여 있는 메모리의 가장 상위 메모리와 통신할 때에도 모든 메모리를 거쳐가야 하기 때문에 지연과 전력 낭비가 생긴다.

그러나 슬라이스 빵 타입으로 하면 모든 메모리 칩이 로직 칩과 접해 있기 때문에 같은 메모리 칩을 적층해도 개별 배선을 할 수 있어 지연과 전력 낭비가 발생하지 않는다.

단, 메모리 칩 끝에서 로직 칩과 통신을 하려면 특별한 통신 기술이 필요하다. 자계(磁界) 결합 통신은 이를 가능케 한다. 배선 주위에 생기는 자계의 결합으로 통신하는 기술이다. 두 개의 칩 위치가 다소 어긋나더라도 통신할 수 있다는 장점이 있다.

그렇다면 급전(給電)은 어떻게 할까?

로직 칩에서 큐브로 전기를 공급한다고 생각해 보자. 언뜻 보면 슬라이스 빵 타입보다 팬케이크 타입이 더 간단해 보인다. 하지만 통신에서 발생한 문제와 동일한 문제가 전기 공급(급전)에서 발생한다. 팬케이크 타입으로 아래에 있는 칩에서 위에 있는 칩으로 전기를 공급하면, 아래에 있는 칩일수록 전기를 보내는 곳과 가까워지므로 큰 전류가 흘러서 두꺼운 전원선이 필요해진다.

또한 큐브의 메모리 개수가 늘어나면 소비 전력이 로직 칩에 비해 작지도 않기 때문에 로직 칩을 관통해서 급전하면 낭비가 많다. 그보다도 패키지에서 직접 각 메모리 칩의 측벽으로 공급할 수 있으면, 로직 칩의 면적을 줄일 수 있다.

이렇게 이것저것 따져보면, 패키지에서 각 메모리 칩으로 직접 급전을 하는 새로운 기술이 필요해진다. 현재 여러 가지 아이디어가 검토되고 있다.

그런데 100개 이상의 칩을 적층하는 건 어렵지 않을까?

이렇게 하면 비교적 잘된다.

먼저 칩 2장을 앞면끼리 붙인 다음, 한쪽만 뒷면을 깎아서 모듈을 만든다. 다음으로 그 깎은 면끼리 2장의 모듈을 붙이고 한쪽 뒷면을 깎는다. 그러면 4장이 적층된 모듈이 완성된다. 이렇게 적층 개수를 2배씩 크게 하는 작업을 7번 반복하면, 128개의 칩을 적층할 수 있다. 10번 반복하면 1,000개 이상의 칩도 같은 방법으로 적층할 수 있다.

메모리 큐브에서 시스템 큐브로

메모리에는 SRAM, DRAM, NAND 플래시 등이 있다. 동작 속도는 SRAM이 가장 빠르고 NAND가 가장 느리다. 한편, 기억 용량은 NAND가 가장 크고 SRAM이 가장 작다. 모든 면에 뛰어난 메모리는 없다.

그래서 메모리는 계층적으로 이용된다. 다시 말해 즉시 필요할 것 같은 정보는 SRAM이나 DRAM으로 둔다. 반면, 한동안 쓰이지 않을 정보는 NAND나 DRAM으로 저장한다. 만약 SRAM을 DRAM 수준으로 대용량화할 수 있다면, 컴퓨팅의 성능이 비약적으로 높아져 혁명이 일어날 것이다.

AMD는 그 가능성을 내비쳤다. SRAM 2개를 프로세서 위에 적층으로 설치했더니, 미세화를 1세대 진행한 효과에 비견한 성능 개선을 할 수 있었다.

그렇다면 128개의 SRAM을 적층하면 어떻게 될까?

칩의 치수를 8.4㎜×3.0㎜에 두께 0.1㎜이라고 하면, 큐브의 형상은 8.4㎜×3.0㎜×12.8㎜가 된다. N2(2나노 공정) 이후의 최첨단 프로세스를 이용하면 기억 용량은 24GB가 되고, 12개의 DRAM을 적층한 HBM3과 같아진다. 전력도 HBM3과 차이가 없다.

한편, 데이터 전송 대역은 매초 14.4TB가 되어 HBM3과 비교하면 17배 광대역이다. 지연 시간도 10사이클 이내이며 HBM3의 1/5 이하가 된다. 이러한 SRAM 큐브가 생기면, HBM3를 대체하여 컴퓨팅 성능을 한층 더 향상시킬 수 있다.

SRAM 칩의 두께를 0.025㎜로 얇게 하면, 기억 용량을 4배로 확대할 수도 있다.

SRAM 큐브와 마찬가지로 DRAM 큐브나 NAND 큐브도 만들 수 있다. 칩을 접착제로 붙이기 때문에 어떤 칩이든 큐브로 만들 수 있다. 심지어 SRAM과 DRAM과 NAND를 원하는 비율로 조합한 메모리 큐브도 자유자재로 만들 수 있다. 사용되는 응용 분야에 따라 최적의 비율로 만들어내면 된다.

로직 칩도 큐브에 섞으면 시스템 큐브가 된다.

예를 들어 AI 처리를 가속하는 로직 칩과 SRAM 칩을 마주보게 해서 접합한다. 그리고 필요한 만큼 DRAM이나 NAND를 접착해서 큐브를 만든다. 주변 회로나 제어 회로, 칩 안의 네트워크 회로 등을 집적해서 비교적 저렴한 프로세스로 제조한 로직 칩을 큐브 밑에 실제로 설치하면, 시스템 큐브가 완성된다.

문득 책장을 보니 책이 세로로 세워져 나열되어 있다. 앞으로는 패키지 안에도 이 책장처럼 칩을 나열하게 되겠지.

The best thing since sliced bread

현재는 식빵을 몇 장씩 썰어서 파는 것이 당연해졌지만, 지금으로부터 90년 전에 처음으로 식빵을 잘라 판매했을 당시에는 획기적이라며 큰 인기를 끌었다. 'The best thing since sliced bread'라는 영어 표현을 직역하면 '잘라서 나오는 빵 이후로 최고의 물건'으로, '획기적인 것, 훌륭한 것'이라는 의미이다. This new smartphone is the best thing since sliced bread!(이 새 스마트폰은 획기적이야!)라는 식으로 쓴다.

3D 집적 칩을 가로 형태에서 세로 형태인 슬라이스 빵 타입으로 만든다면, 그야말로 이렇게 외치게 될 것이다.

This new 3D chip is the best thing since sliced bread!

03

뇌를 인터넷에 접속하다
—Internet of Brains

케임브리지에서 본 신비로운 광경

2019년, 케임브리지에서 느지막하게 봄을 맞이했다. 5월인데도 사람들은 두꺼운 코트를 걸치고 다닌다.

해 질 녘이 되면 하버드대학 캠퍼스의 아름다움은 유난히 두드러진다. 신록의 잔디를 걷는 학생들의 모습이 드문드문 보이다가, 이윽고 학생 기숙사에서 주황색 불빛이 새어 나온다.

이 불빛 아래에서 인류가 쌓아 온 학문이 계승되고, 새로운 지식이 생겨난다. 불빛에 이끌리듯 여기서 배우고 싶다는 충동에 사로잡

혔다. 노안이라 책 읽기도 버겁지만, 설령 유급을 거듭한다 할지라도 평생 배움을 멈추지 않을 수 있다면 인생은 분명 풍요로워질 것이다.

하지만 그런 일이 용납된다면 캠퍼스는 노인투성이일 테지. 아아, 조금만 더 젊어서 이곳에 왔더라면…… 그런 감상에 잠겼다.

이튿날은 AI 칩의 연구에 대한 회의가 있었다. 오전에는 MIT(매사추세츠 공과대학)에, 오후에는 하버드대학에 간다. 지하철 레드 라인을 타면 찰스 호텔과 가까운 하버드 스퀘어 역에서 MIT의 미디어 랩이 있는 켄들 역까지는 고작 15분. 하지만 그날은 문득 걷고 싶었다.

찰스 강은 보이지 않는다. 영화 《소셜 네트워크》에서 봤던 레가타(조정 경기) 장면을 떠올리며 걸음을 내디뎠다. 하지만 예감은 빗나가서 거리에 재미난 것들이 없다. 거의 한 시간이나 걸으니 피로가 몰려와 결국 메인 스트리트와 바사 스트리트의 교차점에서 멈춰서고 말았다.

그때 갑자기 신비로운 그림이 눈에 들어왔다.

유리창이 파랗게 반사되는 근대적인 빌딩의 현관 로비에 설치된 대형 디스플레이에, 'MIT 맥거번 뇌 연구소'라고 적혀 있었다. 비틀어진 거목을 본뜬 조형물을 올려다보며 빌딩 안으로 들어가 부드러운 소파에 몸을 맡겼다. 로비 안쪽에는 보안 게이트가 있다. 젊은 연구자들이 한손에 스마트폰이나 커피를 들고 분주하게 오갔다. 전 세계에서 모인 수재들. 눈동자에는 총명함과 자신감이 흘러넘친다. 세계 최첨단의 연구를 하는 사람들이 공통으로 가진 분위기다.

100인치 디스플레이로 연구를 소개하는 슬라이드 쇼가 지나갔다.

앗, 이거다!

나를 이곳으로 끌어당긴 신비로운 그림이 비추어졌다.

천체 사진 같기도 하고 추상화 같기도 하다. 암흑 속에 무지갯빛으로 빛나는, 무수히 많은 수축된 실이 소우주를 자아낸다. 앞쪽에서 마치 정자가 대열을 지어 그곳을 향해 이제 막 돌입하려는 듯하다.

'뇌의 새로운 영상'이라는 제목을 보고, 이 그림이 뇌의 신경망이라는 사실을 알았다. 시점을 3차원으로 마음대로 바꿔서 볼 수 있는 뇌의 설계도다.

'에드 보이든 교수 연구실은 뇌세포 내부의 단백질이나 RNA를 비추는 기술을 개발했다.'

그리고 슬라이드가 넘어간다. 이번에는 푸르게 빛나는 프레파라트(현미경 관찰용 표본)를 손에 든 과학자가 나타난다. 제목은 '팽창 현미경법'.

팽창 현미경법과 그 반대 방법

팽창 현미경?

세포나 조직을 크게 만들 수 있다는 뜻일까? 이상한 나라의 앨리스

증후군?

'팽창 현미경'을 스마트폰으로 검색했더니, 과학 잡지 「네이처 다이제스트」(2015년 Vol.12 No.4)에 '뇌를 부풀려서 나노 스케일을 세부 관찰하는 방법'이라는 문헌이 있었다.

첫 문장을 읽는다. '종이 기저귀의 흡수체로 이용되는 재료를 써서 뇌 조직을 팽창시킨 덕분에 일반적인 광학 현미경으로 무려 60㎚의 특징까지 해상할 수 있었다.'

자세한 방법은 본문에 적혀 있었다. 처음에 뇌 조직의 특정 단백질에 광학 분자 태그를 붙인다. 다음으로 아크릴 산염 모노머(단량체-역자)를 뇌 조직에 침투시켜 형광 분자 태그와 결합시킨다. 이 모노머를 중합 반응시키면, 뇌 조직 안에서 아크릴 산염 폴리머(중합체)의 그물코 모양 구조가 생긴다.

뇌 조직의 단백질을 분해한 후에 남은 아크릴 산염 폴리머에 물을 추가한다. 그러면 기저귀처럼 물을 빨아들여 팽창하면서 그물코 모양 구조에 결합된 형광 태그의 간격이 모든 방향으로 정확하게 퍼져나간다. 그 결과, 처음에는 광학 현미경으로 식별하지 못할 정도로 근접해 있던 형광 태그가 깔끔하게 떨어져 보이게 된다.

즉, 뇌 조직의 단백질 위치를 종이 기저귀에 복사하고, 물을 넣어서 팽창시킨 후에 광학 현미경으로 관찰한 것이다. 그 영상을 컴퓨터 그래픽스를 이용하여 선명하게 3차원 형상으로 표현한 것이 눈앞의 무지갯빛 그림이었다. 정말 멋진 시각화다.

슬라이드 쇼에서 에드 보이든 교수는 묻는다. '뇌를 더 자세히 보

고 싶다면 당신은 어떻게 할 건가요? 과학자를 작게 만들거나, 아니면 뇌 조직을 확대하겠죠.'

물론 보이든 교수는 후자를 택했다.

나라면 과학자를 작게 만들 거야!

여기서부터 나의 망상이 시작된다. 한 변이 100㎛인 칩에 100만 개의 이미지 센서를 집적한 작은 현미경을 만든다. 센서 하나는 한 변이 100㎚이다.

그 칩을 뇌 조직 안에 옮기면, 현재 팽창 현미경법으로 달성한 최고 해상도인 60nm와 같은 수준의 해상도를 달성할 수 없을까? 많은 칩이 찍은 영상 데이터를 무선 통신으로 모아서 해석하면, 뇌의 전체상을 재구축할 수 없을까? 난잡한 망상이 끝을 모르고 이어지는 바람에 시간도 피로도 잊어버렸다.

나는 당시에 국립연구개발법인 과학기술진흥기구(JST)의 ACCEL 프로젝트를 진행하고 있었다. 처음에는 컴퓨터의 전력 효율을 개선하는 것이 연구 테마였는데, AI 붐이 일어나면서 나도 모바일 인공지능 'eBrains'를 만들고 싶다는 생각을 하게 됐다.

극소 칩을 뇌에 심으면, 뇌를 인터넷에 접속할 수 있다. 그렇게 하면 사물 인터넷 IoT(Internet of Things)에서 나아가 뇌의 인터넷 IoB(Internet of Brains)를 실현할 수 있다. 뇌의 다음은 세포의 인터넷 IoC(Internet of Cells)인가.

아니, 그전에 인간에게 장착한 센서나 액추에이터를 뇌와 잇는 인간 인트라넷이 급선무일 것이다. 뇌나 몸에 들어간 컴퓨터는 사람의 감각이나 면역력을 확장해서 고령자의 사회생활을 지원할 것이다.

나도 그런 꿈을 꾸게 되었다.

뇌가 인터넷에 연결된다면

뇌와 컴퓨터는 깊은 연관이 있다.

뇌는 사회를 만들고, 마음을 낳았다. 인간은 자신의 의도를 알고 그것을 전하기 위해 언어와 논리를 얻었다. 인간은 더 나아가 인지 능력을 확장하는 도구로써 수학을 만들었다. 그것은 이윽고 뇌에 깃들어 고도의 추상화를 하여 몸을 깎아낸 끝에 뇌에서 흘러나왔다. 컴퓨터의 탄생이다.

쓰다 이치로 박사가 의식의 보편성을 '마음은 모두 수학이다.'라고 표현했듯이, 혹은 모리타 마사오가 『수학하는 신체』에서 그린 것처럼 추상화한 끝에 낳은 것이 컴퓨터이며 인공지능이다.

좌우의 뇌를 가지는 eBrains를 만들면, 인간의 뇌처럼 이미지와 음성을 우뇌에서 인식한 후에 좌뇌의 연합야(聯合野, 대뇌피질 중 인지, 판단, 기억, 언어 등 고도의 기능을 통합하는 뇌의 영역-역주)에서 말로 추상화될까?

매트 리들리는 그의 저서 『이성적 낙관주의자』에서 사람들이 서로 많이 연결되면 될수록 혁신이 일어날 확률이 높아진다고 한다. 만약 뇌가 인터넷에 연결된다면 보다 많은 아이디어가 생겨서 지구 위를 뒤덮을까?[35]

그리고 마빈 민스키 박사가 주장했듯이, 행위자(agent)의 집합은 '마음의 사회'를 만들어낼까? 말의 끝에 의식이 태어나고 예술이 태어나며, 컴퓨터는 인간과 비슷한 진화를 이룰까?(아니면 요로 다케시 선생에게 '바보'라며 놀림을 당할 것인가?)

04

동기와 비동기
— 칩의 리듬

칩의 동기 설계

반세기 전에 클록을 이용해서 회로의 타이밍을 맞춘 동기 설계와 그렇게 하지 않는 비동기 설계 중 어떤 것이 옳은지에 대한 논쟁이 있었다.

캘리포니아 공과대학에서는 어떤 실험을 했다. 일반 학생에게는 칩을 동기 설계하는 과제를 주고, 성적 우수자에게는 같은 칩을 비동기로 설계하도록 지시했다. 그 결과, 동기 설계는 많은 칩이 바르게 동작했지만, 비동기 설계는 바르게 동작하지 않았다. 비동기 설계에서 무슨 일이 일어난 것일까?

논리 회로에는 입력이 정해지면 출력이 똑같이 결정되는 조합 논리 회로, 그리고 입력이 같아도 상태에 따라 출력이 바뀌는 순차 논리 회로가 있다. 계산은 항상 답이 같기 때문에 조합 논리 회로를 쓰지만, 제어는 상태에 따라 동작을 바꿀 필요가 있기 때문에 순차 논리 회로를 쓴다.

상태는 천이(transition)한다. 예를 들어 2비트로 표현되는 상태인 {S1, S2}가 {0, 1} 상태에서 {1, 0} 상태로 천이할 때, 의도하지 않게 {0, 0}이나 {1, 1} 상태를 잠시 경유한다. S1과 S2가 서로 다른 회로의 출력일 경우에 양자의 타이밍을 맞추기 힘들다. 만약 같은 회로의 출력이라 해도 회로 소자를 만들때 발생하는 불규칙성으로 인해 완벽하게 똑같지 않다. 그래서 양자의 타이밍을 맞추는 것은 힘들다.

이 잠깐의 망설임(동적 장해)은 계산에서는 최종적으로 옳은 답을 도출하므로 문제가 되지는 않지만, 제어에서는 오작동의 원인이 된다. 망설인 순간에 데이터가 도착하면 제어를 실패하기 때문이다.

그래서 교통 신호기가 초록색으로 바뀌면 자동차들이 일제히 출발하는 것처럼 빨리 도착한 데이터도 늦게 도착한 데이터도 일단 기다리게 하고 클록이 변화한 순간에 데이터를 한꺼번에 출력하면, 클록의 사이클마다 타이밍을 맞출 수 있다.

데이터는 두 개의 인버터를 원의 형태로 연결하면 유지할 수 있다. 예를 들어 첫 번째 인버터에 L(Low)을 입력하면 그 출력은 H(High)가 된다. 두 번째 인버터에서 H가 L이 되어 첫 번째 인버터의 입력으로 L을 되돌리기 때문이다.

클록으로 여닫는 스위치를 원의 형태로 연결된 인버터 사이에 끼워놓는다. 그러면 클록이 L일 때는 회로가 연결되어 데이터를 유지하고, 클록이 H일 때는 스위치가 오프되어 데이터를 통과한다. 이 회로를 래치(Latch)라고 부른다. 걸쇠처럼 데이터를 걸어 놓을 수 있기 때문이다.

래치를 두 개 이어서 앞에 있는 래치에 역위상 클록을 준 회로를 플립플롭(Flip-Flop)이라고 부른다. 클록이 L일 때는 앞단의 래치가 데이터를 통과시키고 뒷단의 래치는 이전 데이터를 유지한다. 클록이

[그림 4-3] 플립플롭 회로
(클록이 올라올 때 데이터를 읽어들여서 한 주기 동안 유지한다)

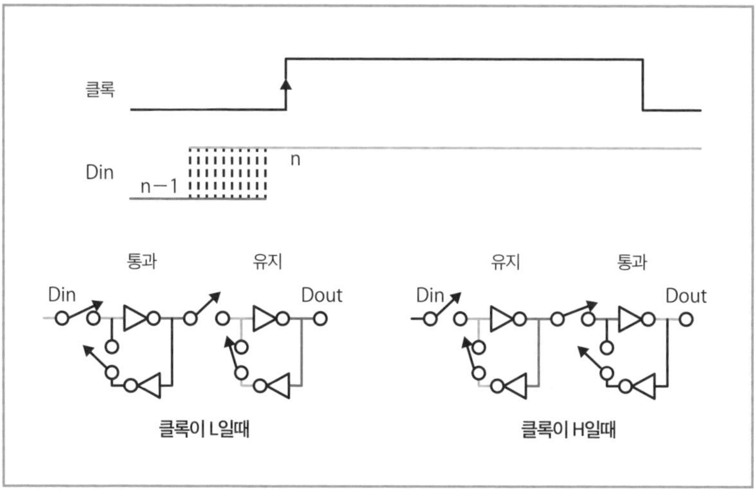

(출처) 필자 작성

H로 변화하면 앞단의 래치는 그 시점의 데이터를 유지하고 뒷단의 래치가 그 데이터를 통과시키기 때문에 이 순간에 데이터가 일제히 플립플롭으로부터 출력된다(그림4-3).

참고로 클록이 H에서 L로 변화할 때는 앞단의 래치가 다음 데이터를 통과시키지만 뒷단의 래치가 그보다 순간적으로 빨리 현재의 데이터를 유지하기 때문에 플립플롭의 출력에는 현재의 데이터가 유지된 채로 있어서 다음 데이터는 기다리게 된다.

플립플롭을 사용하면 클록의 사이클마다 타이밍을 검증할 수 있어서 검증 비용을 줄일 수 있기에, 일반 칩은 플립플롭을 채택한다.

한편, 래치를 쓰면 클록이 H인 동안에는 데이터가 통과할 수 있어서 어딘가의 사이클에서 지연이 발생해도 나중에 만회할 수 있다. 하지만 타이밍 검증은 과거의 사이클까지 거슬러 올라가 조사할 필요가 있기 때문에 검증 비용이 비싸진다. 프로세서는 래치를 채택한다.

비동기 설계 다시 생각하기

칩의 성능을 높이기 위해서는 정교한 타이밍 설계가 필요하다. 논리회로의 신호 전파 지연이 소자의 제조 편차나 전원 전압 및 온도의 변동에 따른 영향, 그리고 클록을 생성할 때의 변동 및 분배할 때의 시차를 계산하여 목표로 하는 제조 수율에 필요한 타이밍 여유를 설계에 반영한다.

이 설계 여유는 디바이스의 미세화와 전원 전압 저하와 함께 증대한다. 그리고 클록의 속도가 빨라질수록 타이밍 클로저(timing closure)라 불리는 타이밍 설계 비용도 올라간다.

동기 설계에서는 가장 늦은 회로가 클록의 주기를 정하기 때문에 그 외의 회로 대부분은 성능에 영향을 주지 않는다. 한편, 클록의 분배나 플립플롭에서만 전력의 1/4에서 1/2를 소비한다.

이러한 동기 설계의 비용이나 낭비가 현저해지는 가운데, 클록 주파수가 1기가헤르츠를 넘었을 즈음부터 비동기 설계에 대한 연구가 다시 시작됐다. 아이번 서덜랜드가 「클록이 없는 컴퓨터 – 비동기 칩이 각 회로를 최대한 고속화하고 컴퓨터의 성능을 향상시킨다」라는 제목의 논문을 발표한 것이 2002년이다. 선마이크로시스템스의 UltraSPARC Ⅲi의 일부에 비동기 회로가 사용되었다.

서덜랜드는 컴퓨터 그래픽스의 아버지라 불리는 천재다. 그는 칩 설계에도 정통하다. 1999년에 논리 회로의 지연 모델 '로지컬 에포트(Logical effort)'를 제창했다. 뛰어난 모델이라서 나는 이것을 수업에서 가르치고 있다. 그는 전계 결합을 이용한 칩 간 접속에 대해서도 2003년에 논문을 발표했다. 우리가 자계 결합을 이용한 칩 간 접속 연구를 시작했을 즈음이었다. 2007년에 내가 캘리포니아대학 버클리 캠퍼스에서 '매카이(MacKay) 교수' 라는 칭호를 받게 되었을 때, 교원 회의에서 그와 같은 자리에 있었던 것은 영광이었다. (데이비드 매카이David JC Mackay는 영국 케임브리지 대학 교수이자 영국 기후에너지부 수석 과학자문

관을 지낸 학자로, 『허풍 없는 지속가능 에너지(Sustainable Energy–without the hot air)』라는 책을 통해, 명확한 숫자로 에너지 소비를 측정했다–역자)

여담은 그만하고 다시 본론으로 돌아가면 비동기 회로는 2선식 논리를 이용해서 두 개의 출력이 같은 동안에는 계산 중이고, 출력 중 한쪽이 변화했을 때 계산 완료 신호와 계산 결과를 다음 회로에 전달한다.

당연히 비동기 설계는 동기 회로보다 많은 트랜지스터와 배선을 사용하지만, 동기 설계의 낭비에 비하면 더 이득이 될 때가 올지도 모른다.

나는 그것이 7㎚ 세대일 것이라고 생각했다. 하지만 트랜지스터의 게이트 지배력을 높인 FinFET의 성능이 예상 이상으로 좋아서 7㎚로는 비동기 설계의 역전을 확인할 수 없었다. 트랜지스터의 구조개혁은 앞으로도 이어질 전망이라 비동기 설계가 사용될 기회는 아직 더 기다려야 할지도 모른다.

단, AI에서 주목받고 있는 신경 회로망 등의 배선 논리에 따른 병렬 데이터 처리는 비동기 설계에 적합하다. (그러고 보니 우리는 한 번이 아니라 몇 번이나 망설이고, 잘못된 판단도 하고 있다.)

자연계의 리듬

1665년 어느 날, 네덜란드의 수학자이자 물리학자이자 천문학자인 크리스티안 하위헌스(Christiaan Huygens)는 방의 벽에 나란히 걸려 있는 두 시계의 시계추가 동기화(synchronization)하고 있다는 사실을 우연히 발견했다. 한쪽 추가 오른쪽으로 움직일 때 다른 쪽 추는 반드시 왼쪽으로 움직인다. 일부러 타이밍을 흐트러뜨려 봐도 얼마 안 있어 다시 동기한다.

그런데 두 시계를 떨어진 벽에 걸면 동기화는 일어나지 않는다. 하위헌스는 두 시계 사이에 매우 약한 상호 작용이 작용하기 때문이 아닐까 추측했다.

이 세상에는 리듬이 흘러넘친다. 그리고 리듬과 리듬이 만나면 서로 동기화한다. 예컨대, 출렁다리를 걸으면 사람들의 걸음걸이가 의도치 않게 겹쳐져 다리가 크게 흔들린다. 런던의 템스 강에 걸린 밀레니엄 브리지는 2000년에 크게 흔들리는 일이 발생했다. 전염병이나 교통 정체도 동기화 현상에 기인한다.

곤충이나 세포에도 동기화가 일어난다. 동남아시아에서는 수많은 반딧불이가 맹그로브 숲에 모여 한꺼번에 깜박거린다. 포유류는 뇌의 시상하부에 있는 시교차상핵에서 2만 개 정도의 시계 세포가 협조해서 체내 시계를 만들고, 수면 주기 등의 리듬을 정한다. 심장에서는 1만 개 정도의 페이스메이커 세포가 끊임없이 동기화되어 평생 30억 번의 심박 운동을 규칙적으로 한다.

마음이 없는 무생물도 동기화한다. 초전도 상태에서는 수많은 전자가 보조를 맞춰 나아가서 전기 저항이 거의 제로가 된다. 레이저가 강력한 빛의 묶음이 되는 것도 수많은 원자가 위상과 진동수를 맞춘 광자를 방출하기 때문이다.

한편, 밤하늘의 달에 까만 부분이 늘 보이는 이유는 달의 자전과 공전이 동기화되어 항상 지구에 같은 면을 향하고 있기 때문이다. 또한 태양계 내 행성의 중력이 동기화되어 일치한다. 이 때문에 소행성대에서 지구를 향해 운석군을 내뱉는 일이 있는데, 이로 인해 공룡이 멸종했을 가능성이 있다.

동기화 현상은 인간이 만들어낸 네트워크나 가상공간에도 존재한다. 고압 송전선망에 접속된 발전기는 스스로 동기화한다. 회전 속도가 높은 발전기에서 낮은 쪽으로 에너지가 흐르면서 속도가 조정되기 때문이다. 그 결과, 에러가 연달아 일어나 사고로 이어진다. 또한 이전에는 인터넷에서도 라우터(router)가 반딧불이처럼 동기화되어 트래픽이 급격히 변동하는 현상이 보였다.

동기화를 제어하려는 최초의 공학적 시도는 1978년에 로버트 애들러가 쓴 발진 회로의 주파수 끌어당김 현상에 관한 해석이다.

세 개 이상 회로의 결합 동기화를 최초로 시도한 곳은 우리 연구그룹이었다. 2006년, 칩 하나에 집적된 발진기 4개의 출력을 전송선로 묶어 결합 동기화시키는 것에 성공했다. 다음으로 2010년에 칩 4개를 적층해서 칩 간을 자계 결합한 상태에서 집단 동기화시키는 것에 성공했고, 이것을 이용해 각 칩에 클록을 정확히 분배하는 기술을 개발했다.

이러한 집단 동기화 현상은 비선형 과학을 통해 밝혀지고 있다.

【column】

집단 동기화 모델

인간이 감지할 수 있는 매크로의 세계를 열역학 관점에서 통일적으로 표현한 물리 법칙이 '에너지 보존의 법칙(열역학 제1법칙)'과 '엔트로피 증가의 법칙(열역학 제2법칙)'이다.

에너지가 그 모습을 바꾸어도 전체 총량이 보존된다는 것이 에너지 보존 법칙이다. 이에 반해 엔트로피 증가의 법칙은 에너지의 질(인류가 유효하게 활용할 수 있는가 하는 관점에서 본 에너지의 질)이 불가역적으로 열화(劣化)한다는 사실을 보충하고 있다.

1865년에 독일의 루돌프 클라우지우스가 도입한 엔트로피라는 개념을 원자나 분자라는 마이크로의 입장에서 밝혀낸 사람이 통계역학의 선구자인 루트비히 볼츠만이다. 엔트로피 증가의 법칙은 마이크로 상태의 난잡함이 불가역적으로 증가한다는 사실을 나타낸다.

이렇게 생각하면 세계는 동적에서 정적으로, 구조에서 무구조로, 삶에서 죽음으로 향한다. 볼츠만의 말을 빌리자면 '우주는 열적 죽음에 이르는' 상황이 될지도 모르겠다. 에너지 소산(Energy dissipation) 원리는 붕괴를 뜻하는 것일까.

아니, 그렇지 않다. 1967년경 벨기에의 화학자인 일리야 프리고진은 '소산 구조(dissipation structure)'라는 개념을 제시했다. 그는 에너지의 끊임없는 소산(붕괴) 안에서 질서 구조가 창조되는 메커니즘을 밝혀냈다.

즉, 엔트로피의 생성을 부추겨서 구조나 운동의 소실로 향하게 하는 힘이 한편으로는 구조나 운동을 만들어내는 원동력이기도 하다는 것을 의미한다.

예를 들어 양초를 태우면 주변의 온도는 높은 곳과 낮은 곳이 생긴다. 그리고 온도 차이가 존재하는 이 구조는 열이 사방으로 흩어지면서 붕괴하는데, 이것은 엔트로피의 증가에 기인한 것이다. 하지만 흩어진 열이 스스로 모여 다시 온도가 높고 낮은 형태로 바뀌는 일은 결코 없다. 반대로 연소해서 생기는 엔트로피를 공기 중에 계속 배출하면 불꽃이라는 구조가 만들어진다.

불꽃을 끄면 엔트로피의 생성이 끝나고 열평형에 도달한다. 그러나 양초는 그 형태를 유지하기 때문에 열적 죽음이라고 부를 만한 세계는 바로 오지 않는다.

열의 이동이 생기지 않도록 양초나 주변의 사물들에 한정된 에너지가 분배된다. 그 제약 아래에서 엔트로피가 최대가 되도록 생성되고 나면 각 물질의 원자나 분자는 잠잠해지고 형상이나 특성을 유지하는 준안정 상태가 된다. 다시 양초에 불을 붙이면 엔트로피가 생성되면서 불꽃이 만들어진다.

불꽃과 함께 방출된 엔트로피는 지구에 머무를까? 지구는 주로 태양광에서 에너지를 받고, 적외선으로 엔트로피와 에너지를 우주 공간으로 방출한다. 또한 높은 하늘과 땅의 표면과 땅속 깊은 곳의 온도 차가 구동력이 되어 에너지 순환과 엔트로피의 방출을 효율적으로 하고 있다.

◇◇

대학에서 배우는 물리나 공학은 선형 시스템을 다룬다. 선형 시스템의 특징은 구성 요소의 성질을 단순히 합성하는 '선형 결합'으로 시스템 전체의 성질을 이해할 수 있는 데 있다. 즉, 부분의 총합은 그야말로 전체 그 자체이다.

그렇기 때문에 아주 커다랗고 복잡한 문제라도 짧게 끊어서 문제를 개별적으로 풀고, 거기서 얻은 사소한 답을 조합해서 전체 모습을 알 수 있다. 예를 들어 분자가 완전히 독립적으로 운동하는 기체는 선형 통계역학에서 다룬다.

그러나 고체나 액체에서는 분자 사이에 강한 상호 작용이 일어나기 때문에 잘 관찰되지 않는다. 그렇게 되면 문제가 너무 복잡해서 감당이 되지 않아 선형 근사를 선택한다. 작은 변화의 범위 안에서는 '기체'로 다룰 수 있으니 그 기체의 성질에서 고체나 액체의 성질을 추론한다.

대부분 물질은 매우 작은 요소의 비선형 집합체이며, 요소와 요소의 상호 작용을 무시할 수 없다. 그 결과, 입력이 작은 동안에는 선형 시스템이지만, 입력이 커지면 비선형이 된다.

예컨대 박테리아 집합을 생각해 보면, 박테리아의 총수가 늘어나 영양물이 고갈되었을 때, 더 이상 증식이 일어나기 힘들다. 혹은 증폭 회로의 출력이 전원 전압을 넘어서까지 입력에 대해 비례하기를 기대할 수 없다.

무선공학에서 배웠듯이 비선형 시스템에 사인파를 입력하면, 출력에는 고조파나 상호 변조된 새로운 파가 나타난다. 혹은 물이 얼거나 금속이 초전도성을 나타내듯이, 느닷없이 공간적 질서가 생겨나거나 물질의 성질이 크게 변화하는 상전이 현상이 일어난다. 새로운 것을 만들어내는 이러한 현상은 구성 요소 간의 긴밀한 상호 작용에 의해 발생한다.

이렇게 복잡한 비선형 현상을 밝혀낼 때는 컴퓨터 시뮬레이션이라는 힘과 본질 이외의 것을 제거한 수학적 모델을 세울 수 있는 통찰력이 필수적이다.

비선형 요소의 집단은 어떤 식으로 동기화되는가. 지휘자도 환경이 내보내는 신호도 없는데 어떻게 집단이 동기화될 수 있을까?

동기화 현상에 대한 초창기 연구는 생물학자를 비롯하여 사회학자, 물리학자, 수학자, 천문학자, 공학자가 각각 독립적으로 진행했다. 결국 이러한 연구 성과를 바탕으로 동기화 현상은 결합 진동자의 연구로 이어졌다. 그리고 수많은 결합 진동자가 영향을 주고받는 비선형 과학으로 발전했다. 위대한 수학자나 물리학자들이 이 난문에 어떤 식으로 임해 왔는지를 돌아보자.

집단 동기화를 처음 연구한 사람은 미국 MIT의 수학자이며 사이버네틱스의 제창자인 노버트 위너다.

그는 알파파가 뇌의 마스터 클록이라고 직감하고, 제각각인 리듬을 가진 뉴런이 결합해서 주파수를 끌어당기는 현상이 생긴다는 가설을 세웠다. 하지만 그는 그것을 증명하지 못하고 1964년에 생을 마감했다. 그 이듬해에 미국 코넬대학의 학생 한 명이 그 문제에 다가가기 위한 수학적 방법을 찾아냈다. 그 학생이 바로 이론생물학자인 아서 윈프리다.

윈프리의 연구를 소개하기 전에, 1975년에 미국 뉴욕대학의 응용수학자인 찰스 페스킨이 제창한 심장 페이스메이커 모델을 설명하겠다. 페스킨은 페이스메이커 세포의 세포막 전위(電位) 진동을 발진회로라고 생각했다. 세포막의 누설 채널(저항)을 통해 세포막(용량)이 충전되고, 전위가 어떤 임계치를 넘자마자 발화해서 방전한다는 비선형 모델이다.

페스킨은 진동자가 동일한 강도로 결합되어 있고, 발화하는 순간에만 서로 영향을 주는 모델을 세웠다. 즉, 진동자 하나가 발화하면 즉시 반동으로 다른 진동자의 전위가 일정량 튀어 오른다. 그렇게 해서 임계치를 넘은 세포가 나오면, 그 세포도 즉시 발화한다. 하지만 당시의 수학은 이러한 임펄스에 의해 상호 작용하는 대규모의 진동계를 다룰 수 없었다. 그래서 동일 진동자 2개의 미약한 결합에 한정해서 진동자는 반드시 동기한다는 것을 증명했다.

이후 윈프리는 페스킨의 모델을 한층 더 추상화해서 본질만을 남긴 결합 진동자의 수리 모델을 만들었다. 그것은 대략 다음과 같은 모델이다.

원 둘레를 2개의 진동자가 같은 방향 같은 속도로 돌고 있다. 두 진동자 사이에는 인력 혹은 척력이 작용한다. 이 상호 작용은 두 진동자 간의 위치, 즉 위상(位相)에 의해 결정되는 비선형적인 힘이다. 상호 작용으로 두 진동자가 속도를 바꾸면, 같은 위상 또는 역위상으로 동기화된다. 상호 작용이 인력의 경우에는 두 진동자는 같은 위상이 되고, 척력의 경우에는 180도 어긋난 위상이 된다.

만약 두 진동자의 원래 속도가 다르다면, 0도 혹은 180도 위상차에서 약간 어긋난 지점에서 안정될 것이다. 어긋나는 정도는 상호 작용의 크기에 따라 결정된다. 상호 작용이 강할수록 어긋남이 작아진다. 그리고 상호 작용이 일정 값보다 작으면 동기화 현상은 일어나지 않는다.

다음으로 진동자의 수를 늘려서 집단에 대해 각 진동자가 이동하는 속도의 관계를 방정식으로 기술한다. 어느 지점에서 진동자의 속도는 다음 3개의 요소로 정해진다고 생각했다. 첫 번째는 진동자의 고유 주파수에 비례한 속도. 두 번째는 외부로부터의 총체적인 영향에 대한 민감도이다. 이것은 주목하는 진동자의 위치에 따라 정해진다. 세 번째는 다른 모든 진동자에 의한 총체적인 영향이다. 이것은 다른 모든 진동자의 위치에 따라 정해진다.

이 방정식은 비선형 연립방정식이 된다. 해석적으로는 풀 수 없지만, 시뮬레이션으로 집단의 거동을 재현하는 것은 가능하다. 먼저 모든 진동자의 위치를 주고, 방정식으로 진동자의 순간 속도를 계산해서 다음 순간의 진동자 위치를 구한다. 이 계산을 여러 번 반복하면 진동자의 운명을 예측할 수 있다.

윈프리는 감도 함수와 영향 함수의 조합을 바꿔서 시뮬레이션을 반복하는 동안 몇 가지 사실을 알아냈다. 예를 들어 자발적으로 동기화되는 경우와 동기화가 되지 않는 경우가 있다는 점이다. 게다가 자발적으로 동기화되는 경우는 그 과정에서 중핵이 될 매우 중요한 진동자가 없다는 것도 깨달았다.

그리고 가장 중대한 발견은 집단의 균질성을 높이면 어떤 임계점을 넘었을 때부터 갑자기 집단이 동기화된다는 사실이다. 그것은 흡사 물을 얼리면 상전이해서 얼음으로 변화하는 것과 닮았다.

상전이는 질서를 만들려고 하는 작용과 그것을 깨뜨리려는 작용의 우열 관계가 역전하면서 갑자기 나타나는 현상이다. 주파수 분포의 폭을 온도라고 생각하면 물 분자에 대응하는 진동자가 상호 작용에 의해 '응고', 즉 동기화되어서 거시적인 시간 질서가 나타나는 것이다.

이렇게 윈프리는 비선형 역학과 통계 역학이라는 두 학문 체계 사이에 중요한 가교를 놓았고, 1980년에 '생물학적 시간의 기하학'을 발표했다.

윈프리의 위업으로 새로운 학문의 문이 열리고, 재능 넘치는 과학자들이 잇따라 나타났다.

교토대학에서 물리학을 가르치는 구라모토 요시키는 윈프리 모델을 개량한 구라모토 모델을 제안하여 시뮬레이션이 아닌 해석적인 방법으로 엄밀한 해를 구했다. 코넬대학에서 응용 수학을 가르치는 스티븐 스트로가츠는 펄스 결합된 생물 진동자를 밝혀내는 연구를 진행 중이고, 동시에 제자인 던컨 와츠와 공동으로 '작은 세계(small world)' 이론을 발표해서 비선형 과학을 사회 네트워크의 영역으로 발전시켰다.

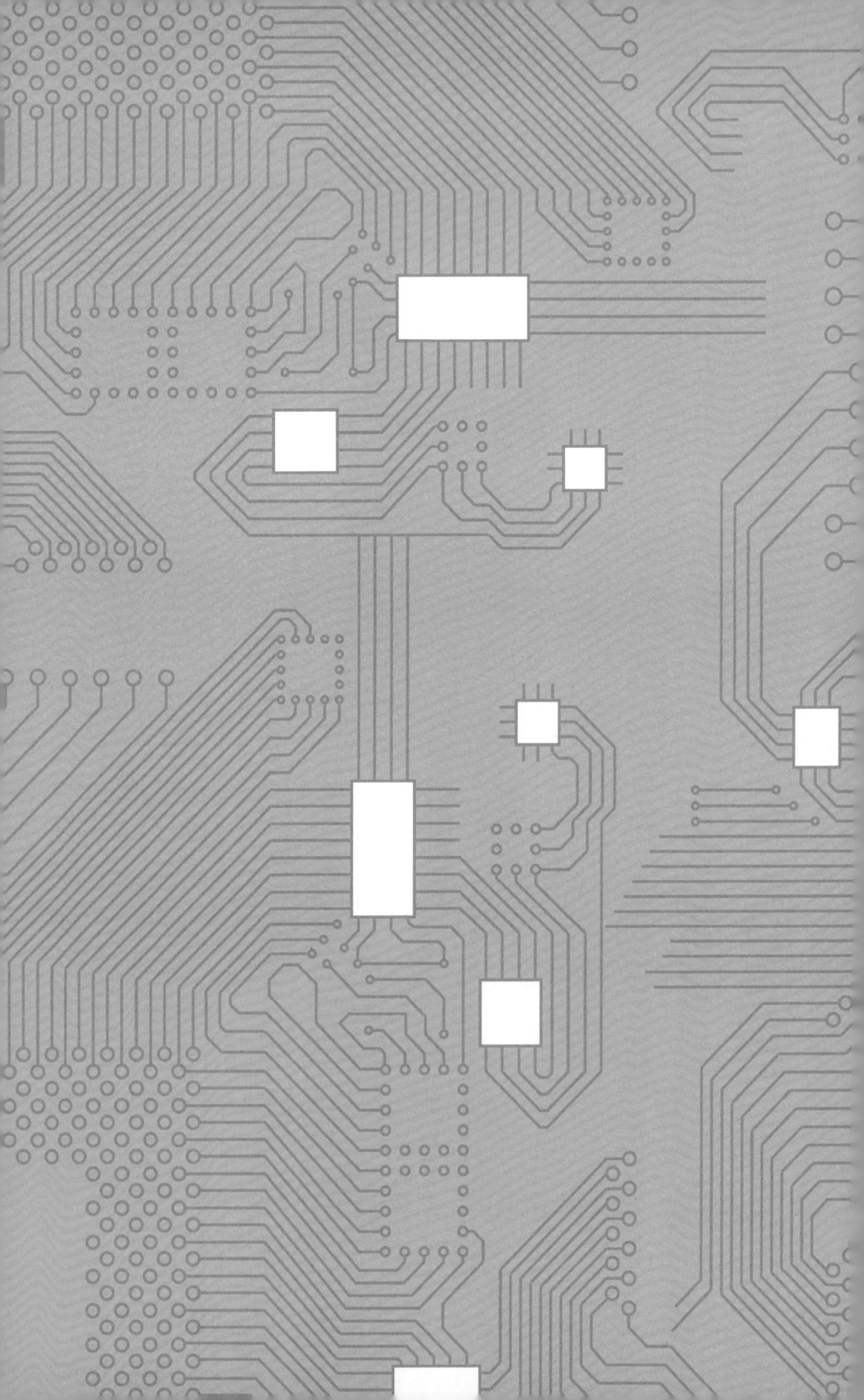

05

민주주의

民主主義

[More People]

01

타임 퍼포먼스
—Time is money

가격 대비 성능과 시간 대비 성능

'가성비가 좋다'라는 표현을 자주 듣는다. 가격 대비 성능은 반도체 사업에서도 가장 중시되는 지표다. 하지만 최근에는 '시간 대비 성능(타임 퍼포먼스)'도 중요하게 여겨진다. 그 이유는 두 가지다.

첫 번째는 사회가 자본 집약형에서 지식 집약형으로 변화하고 있기 때문이다. 일본은 전후 공업으로 나라를 다시 세우려 했고, 나아가 반도체 기술로 전자입국을 목표로 했다. 공업사회(Society 3.0)와 정보사회(Society 4.0)는 자본 집약형 사회다. 처음에는 큰 것이 좋다며 규격 대량 생산, 대량 소비를 장려했지만, 환경에 과부하가 걸리면서 성장의 한계도 뚜렷해졌다.

일본은 현재 저출산 고령화가 급속도로 진전되고 있다. 우리가 지향하는 새로운 사회는 '인간 중심 사회(Society 5.0)'이다. 다시 말해 다 같이 서로 지혜를 나누는 사회다.

지혜가 가치를 낳는 사회, 그러니까 지가(知價) 사회는 개인의 소질을 살리는 사회다. 지속 가능한 성장 전략을 세우고 모두가 활약하는 사회를 향해 가는 것이 일본의 새로운 전략이다. 그리고 그것을 위한 원동력이 디지털 혁신이다. 뜻밖에도 신종 코로나 바이러스가 확대되면서 디지털 혁신을 가속화하고 있다. 디지털 혁신은 플랫폼을 만드는 것에서 출발한다. 이때 스피드가 승부를 결정한다.

자본 집약형 사회에서는 재료가 자원이고 물건이 가치다. 즉, 재료로 부품을 만들고 제품으로 완성한다. 거기에 서비스나 디자인이나 시장 전략 등의 지혜가 더해져서 사회적으로 활용된다. 이때 반도체는 부품이다. 부품은 저렴해야 한다.

한편, 지식 집약형 사회에서는 데이터가 자원이고 지혜가 가치다. 즉, IoT와 5G로 모은 데이터를 AI로 분석하고, 서비스나 솔루션으로 완성한다. 거기에 반도체의 힘이 더해져 사회적으로 사용된다.

다시 말해 가치 만들기의 주객이 전도되어 반도체의 역할은 더 높은 가치로 전환된다. 반도체 사업 자체도 예전의 부품 사업에서 변화해 사회에서 실제적인 쓰임을 가지는 사업으로 탈바꿈해야 한다. 새로운 전략이 필요하다.

시간 대비 성능이 중시되는 또 다른 이유는 반도체가 산업의 쌀로서, 사회의 인프라가 되기 때문이다.

자본 집약형 사회에서는 자원인 재료를 옮기는 도로, 항만, 철도, 공항이 사회 인프라였다. 하지만 지식 집약형 사회에서는 데이터가 자원이고, 사회 인프라는 정보 네트워크가 된다. 정보 네트워크를 지탱하는 것이 바로 반도체다.

부품 위주의 반도체 사업에서는 가성비(가격 대비 성능)가 중시되었다. TV나 PC나 스마트폰 등 생활에서 쓰이는 제품은 몇 년마다 바꾸는 수요가 있기 때문에 가격이 비싼 디바이스가 나오더라도 소비자는 새것으로 바꾼다. 즉, 가격 대비 성능이 중요하다.

하지만 통신기기나 로봇 등의 산업품은 한번 구매하면 오랜 시간 구매 수요가 없다. 나중에 가성비 좋은 디바이스가 나와도 사업자는 새것을 사지 않는다. 결국 먼저 시장에 나온 디바이스가 널리 쓰이게 된다.

이처럼 Society 5.0 시대의 반도체 사업은 시간 대비 성능이 중요해진다. '타임 이즈 머니(Time Is Money)'인 것이다. 시간은 개발 효율로 정해지며 성능은 전력 효율로 정해진다.

포스트 5G에 필요한 반도체

5G에서는 다양한 서비스나 유스 케이스(Use case)에 대응할 수 있도록 기지국의 소프트화가 요구된다. 설명하자면 범용 서버 위에서 기능을 가상화하거나 슬라이싱하여 네트워크를 유연하게 구축할 수 있어야 한다.

한편, 5G 이후에는 전파가 뻗어나가기 어렵고 셀 범위가 좁아지기 때문에 기지국을 소형화할 필요가 있다. 즉, 많은 기지국을 도시에 저렴하게 설치하기 위해서는 전력과 용적과 중량을 줄여야 한다. 통신 사업자의 목표는 '5와트, 5리터, 5킬로그램'이다.

소형 기지국에서는 충분한 전력을 쓰지 못하므로 서버의 성능을 제한할 수밖에 없다. 부족한 성능을 메우기 위해서는 전력 효율이 높

[표 5-1] 5G 기지국 하드웨어의 시간 대비 성능
RaaS에서는 애자일 3D-FPGA와 애자일 3D-ASIC를 연구 개발한다

	서버	FPGA	ASIC	애자일 3D-FPGA	애자일 3D-ASIC
개발 기간	—	6개월	14개월	1개월	6개월
개발 비용	—	10억 엔	45억 엔	2억 엔	15억 엔
제조 비용(10만 대)	500억 엔	200억 엔	4억 엔	250억 엔	5억 엔
전력	50W	30W	6W	15W	3W
용적	3L	2L	1L	1L	0.5L
중량	10㎏	1㎏	0.04㎏	0.5㎏	0.01㎏

(출처) 필자 작성

은 하드웨어 가속기가 필요하다. FPGA나 ASIC을 탑재한 네트워크 카드를 서버에 장착하고, 연산량이 큰 정형 처리는 하드웨어에 맡기게 된다. 이처럼 5G에서 범용 서버가 도입된다 하더라도(실제로 4G 이전에는 ASIC를 이용한 전용 하드를 사용했다) 성능과 비용을 정하는 열쇠는 FPGA나 ASIC이다.

범용 서버에 FPGA나 ASIC을 가속기로 장착한 경우, 어느 정도의 비용과 전력, 용적, 중량이 추가로 필요할지 계산한 결과를 표 5-1에 정리했다. 가정한 조건을 바꾸면 값도 바뀌지만, 상대 비교는 할 수 있다.

전력에 제약이 있는 상황에서 끌어낼 수 있는 성능을 서버와 FPGA와 ASIC으로 비교하면, 1/50:1/30:1/6이다. 즉 대략 1:2:8이 된다. 성능을 끌어내려면 ASIC이 매우 효과적이다. 서버의 CPU나 FPGA의 전력 효율이 나쁜 이유는 프로그램을 할 수 있도록 회로의 여유분이 필요하기 때문이다. 과거의 소프트웨어도 쓸 수 있게 하려면, 이것에 대응할 수 있게 거의 사용하지 않는 회로도 만들어 두어야 한다.

하지만 소량 생산하는 ASIC은 비용 상승이 우려된다. 7㎚ 이후는 마스크 값만 해도 10억 엔이 들고, EUV 리소그래피(극자외선 노광 기술)는 장치의 감가상각이 끝날 때까지는 비쌀 것이다. 그래도 10만 개나 생산하면, 서버 값의 1/10이 된다. 즉, 서버의 이익률은 그만큼 높다.

최근에 범용 칩을 이용하지 않고 전용 칩(ASIC)을 개발하는 쪽으로 세계의 조류가 바뀐 이유는 전력과 비용 삭감이 목적이다. 다시 말해 가격 대비 성능이 좋기 때문이다. ASIC을 만드는 편이 성능도 좋고 비용도 낮출 수 있다.

예전에는 통신기기 메이커도 적극적으로 ASIC을 개발했다. 1990년대에는 트랜지스터 수가 10만 개 정도였기 때문에 몇 개월 만에 ASIC을 개발할 수 있었다. 하지만 지금은 트랜지스터 수가 10억 개로 늘어나서 설계만 하는데도 1년 이상 걸린다.

말하자면 집적도가 높아져서 설계와 검증에 걸리는 시간을 허용하지 못하게 된 것이 ASIC에 주어진 과제다. 덧붙여 일본에서는 ASIC을 설계하는 능력을 점점 잃고 있다는 점도 문제다. 반도체 산업의 사양화로 인한 인재 유출과 손실은 뼈아프다.

통신은 인프라 사업이므로 사업의 계속성이 가장 중요하다. 주파수 할당의 기득 권익을 가지고 안정적으로 사업을 할 수 있는 통신 사업자가 사양을 정하고 여러 벤더를 경쟁시킨다. 벤더는 치열한 국제 경쟁에 던져지고, M&A 끝에 소수의 거대 메이커만이 살아남는다. 하지만 요즘 경제 안전 보장을 위한 서플라이 체인 확보 흐름이 이러한 산업 구조의 재검토를 요구하고 있다.

벤더의 경쟁은 사양이 정해진 다음부터 시장 투입까지 걸리는 리드 타임이 좌지우지한다고 할 수 있다. 통신기기 사업에서는 최초로 장치를 발매한 회사가 점유율을 차지하는 경우가 많기 때문이다.

시간 대비 성능(타임 퍼포먼스)은 AI에서도 중요하다. 왜냐하면 AI의 기술 진보는 빨라서 몇 년만 지나도 과거의 AI는 아무도 쓰지 않기 때문이다.

컴퓨터 활용하기

통신 사업자에게 이런 이야기를 들었다. '사업 습관 차이도 있겠지만 중국 메이커는 FPGA를 2개월 만에 설계하는 반면, 일본 메이커는 6개월 이상이 걸린다. 그래서 중국은 어떻게 2개월 만에 설계를 할 수 있는지 보러 갔더니, 인해전술이었다.'

일본이 취해야 할 전술은 인해전술이 아니다. 오히려 사람이 아니라 컴퓨터를 이용하는 것, 그러니까 'No human in the loop(Human in the loop는 사람이 인공지능 시스템loop의 중간학습 결과를 확인하고 조절해 주는 역할을 의미한다. 저자는 사람의 개입 없는 완전 자동화라는 의미에서 No human in the loop라는 용어를 사용했다–역주)'이다.

RaaS에서는 시간 대비 성능을 추구해서 개발 효율 10배, 에너지 효율 10배를 목표로 연구 개발을 진행하고 있다.

개발 효율 10배를 위해 애자일 설계 플랫폼(표5-1의 애자일 3D-FPGA와 애자일 3D-ASIC)을 연구 개발하고, RISC-V 등의 오픈 아키텍처를 국제 연계해서 전개한다. 컴퓨터를 이용해서 사람이 개입하지 않는 전자동 설계를 하고, 검증해 실수가 들어갈 여지를 없앤다.

동시에 에너지 효율 10배를 위해 3D 집적 기술을 연구 개발하고 TSMC와 연계해서 최첨단 CMOS를 활용한다. 칩을 적층해서 동일 패키지 안에 집적함으로써 데이터 이동 거리를 자릿수가 바뀔 만큼 짧게 줄이고, 에너지 효율을 대폭으로 개선한다.

이 전략은 미국 국방고등연구계획국(DARPA)의 프로젝트 '일렉트로닉스 부흥 이니셔티브:ERI'의 전략과 공통점이 많다. 다른 점은 일본이 잘하는 3D 집적과 조합했다는 점이다. 즉, EDA×3D 집적으로 애자일 설계 플랫폼을 만드는 것이다.

일본의 통신 사업자는 칩 설계를 퀄컴(미국), 미디어텍(대만), 브로드컴(미국), 하이실리콘(중국)에 외주로 맡기고 있다. 해외의 칩 설계 회사에 의존하지 않아도 칩 유저가 컴퓨터로 최첨단 칩을 설계할 수 있도록 하는 것이 우리의 목표다.

02

애자일 개발
— AI 시대의 칩 개발법

워터폴(waterfall) 모델에서 애자일(agile) 모델로

시스템이나 소프트웨어 개발은 원래 워터폴(폭포수) 모델이 주류였다. 처음에 사양과 계획을 결정하고, 계획에 따라 톱다운으로 개발해서 설치하는 방법이다. 앞 공정으로 돌아가지 않는다는 전제가 있기 때문에 하류에서 상류로 돌아가지 않는 물의 흐름에 비유해 워터폴이라 부른다.

이와 반대의 접근, 그러니까 작은 단위로 실제 설치와 테스트를 반복해서 개발을 진행하는 바텀업(상향식) 방법이 애자일 개발이다.

2001년에 새로운 기법으로 등장했다. 워터폴 모델에 비해 개발 기간을 단축할 수 있는 경우가 많고, '재빠르다'와 '민첩하다'는 뜻을 살려 애자일이라 부른다.

개발 중간에도 사양을 변경하거나 추가할 수 있다는 점이 애자일 개발의 장점이다. 반면, 개발의 방향성이 흔들리기 쉽고 전체 모습을 파악하기 어려우며 스케줄 관리가 어렵다는 단점도 있다.

개발 도중에 사양이나 설계 변경이 당연히 있다는 점을 전제로 한다면, 계획 단계에서 사양을 엄밀하게 정하는 것이 아니라 대략적인 사양만 정해 두고 중간에 변경이 생기면 임기응변으로 대처할 수 있는 유연성을 갖추는 편이 고객의 니즈에 대응할 수 있다.

대략적인 사양과 계획을 정했다면 시스템을 작은 단위로 나눠서 '계획', '설계', '설치', '테스트'를 하면서 1~4주 정도의 기간 안에 기능 배포를 반복한다.

한편, 칩의 설계는 톱다운(하향식)이다.

문장과 그림으로 작성된 사양서를 베릴로그(Verilog) 등의 하드웨어 기술 언어로 바꿔 쓰고, 나아가 처리 순서를 클록 사이클마다 분해한 RTL(레지스터 전송 레벨) 기술로 써 내려간다. 그리고 논리 설계, 회로 설계, 레이아웃 설계를 거쳐 최종적으로는 포토마스크의 기하학적 모양을 그린다. 이처럼 칩의 설계란 추상도를 순차적으로 낮춰 가는 변환 작업이다(그림5-1). 이 변환은 chatGPT로 자동화할 수 있다.

칩의 유저인 세트 메이커가 RTL까지 설계하고(프런트 엔드 설계), 반

[그림 5-1] 소프트웨어를 쓰듯 세트 메이커가 칩을 애자일로 개발한다

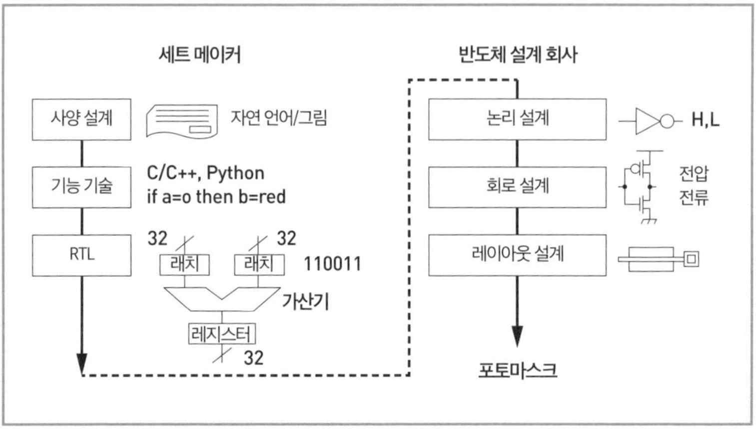

(출처) 필자 작성

도체 설계 회사가 논리 설계 이하(백 엔드 설계)를 하는 분업 체제가 형성되어 있다.

설계 효율을 높이기 위해 컴퓨터를 이용한 자동 설계가 정보량이 훨씬 더 많은 하류에서 순차적으로 도입되어 왔다. 1970년대에 마스크 설계, 1980년대에 레이아웃 설계, 1990년대에 논리 설계가 자동화되었다. 시스템 설계를 자동화하는 고위합성(高位合成, high-level synthesis)도 1990년경부터 연구가 시작되었고, 2010년경부터 일부에서 실제 사용하기 시작했다.

하지만 시스템 설계의 효율을 높이는 일반적인 방법은 RTL의 재이용이다. 프로세서 코어나 메모리 컨트롤러 같은 범용 기능은 설계 자산(IP)으로서 유통되고 있다. 또한 전용 회로의 RTL도 처음부터 만

드는 것이 아니라 과거에 설계한 RTL을 재이용한다.

그렇다고 해도 최근의 대규모 칩, 예를 들어 애플의 프로세서 A12에는 69억 개의 트랜지스터가 집적되어 있는데, 이러한 칩의 개발에는 수백 명의 엔지니어를 투입해도 몇 년의 세월이 필요하다. 그리고 개발비는 수백억 엔에 달한다.

집적도는 지수 함수적으로 커지고 있다. 기존의 개발 방법은 이제 슬슬 한계에 다다랐다.

거기에 AI가 등장했다. AI는 하루가 다르게 진화하고 있으며, 1년만 지나도 구식 기술이다. 연 단위의 기간과 수백억 엔이라는 비용을 필요로 하는 칩 개발은 리스크가 너무 크다.

칩의 애자일 개발

우리는 칩의 유저가 하는 시스템 설계와 검증에도 애자일 개발 수법을 적용할 수 있다고 생각한다. 시스템을 작은 단위로 나눠서 C/C++나 Python으로 기술한 후에, 고위 합성(HLS) 툴로 RTL을 자동 생성하면서 바텀업으로 시스템을 쌓아 올리는 것이다.

소프트웨어를 쓰듯이 칩을 애자일 개발할 수 있으므로 세트 메이커의 개발 기간과 비용을 대폭으로 단축할 수 있어 개발 리스크를 줄일 수 있다.

고차원 합성 툴은 회로 성능과 레이아웃 면적을 바꾼 다양한 RTL

을 순식간에 생성할 수 있다. 이를 통해 성능과 면적의 트레이드오프를 탐색하면서 최적의 RTL을 설계한다. 이후 FPGA에 구현하거나 혹은 ASIC용 시뮬레이터로 테스트하면서 단기간에 기능 배포를 반복할 수 있다.

기존의 방법으로는 설계자가 사양을 깊이 이해한 다음에 블록도를 그리고, 각 블록의 성능이나 신호 접속의 혼잡도 등을 면밀하게 계산하고 나서야 설계에 착수했다. 하지만 설계 초기 단계에서 성능이나 면적을 짐작하기란 어려워서, 감과 경험에 의존하게 된다. 그리고 무엇보다 시스템이 복잡해지면 일손이 따라가지 못하게 된다.

애자일 개발법에서는 작은 단위로 나눈 기능 블록을 컴퓨터가 자동 설계와 검증을 반복하면서 배포한다. 그 작업을 chatGPT로 자동화할 수 있다.

배포된 기능 블록을 바텀업(상향식)으로 조립해가는 과정도 컴퓨터로 자동화할 수 있다. 고위 합성(HLS)을 이용하면 각 기능 블록에 분산된 제어 메커니즘을 갖게 할 수 있다. 그리고 기능 블록을 연결해서 전체 제어를 완성시킬 수 있다. 즉 소프트웨어의 병렬 분산 프로그램처럼, 기능 블록을 짜서 대규모 칩을 만들 수 있다.

또한 C/C++나 Python과 같은 고급언어로 기술하면, RTL로 기술한 것에 비해 프로그램의 라인수를 1/100으로 줄일 수 있다. 따라서 설계자가 검토나 시뮬레이션을 하는 데 필요한 노력이나 시간을 크게 줄일 수 있다.

고급언어로 기술하면 회로 구조를 파라미터로 표현할 수 있기 때문에 보다 폭넓은 구현이 가능하며, 구현 범위 즉 기능, 성능, 인터페이스 프로토콜의 설정 폭을 미리 파악할 수 있다.

덧붙여서 설계 기술과 쌍대 관계(duality)에 있는 검증 모델을 같이 준비해 두면, 변경 범위 확인이 쉬워질 뿐만 아니라 설계와 동시에 검증 환경을 효율적으로 만들어 나갈 수 있다. 즉, 설계와 검증을 모두 아우르는 애자일 개발을 할 수 있다.

그리고 이 수법으로는 전용 제어회로로 기능 블록을 연결할 수 있기 때문에, 에너지 효율을 올릴 수 있다.

IP를 CPU 버스에 연결해서 CPU가 중앙 제어하는 종래의 방법으로는 5G(통신)나 H.265(동영상 압축)나 WPA2(암호)와 같은 복잡한 처리에 대해 높은 성능을 끌어낼 수가 없다.

또한 기존 방법으로는 다른 프로젝트에서도 재이용할 생각으로 RTL을 설계하기 때문에 필요 이상으로 고성능 회로를 설계하게 되는데, 고위 합성(High Level Synthesis)을 이용하면 프로젝트마다 최적의 성능과 면적을 가진 회로를 그때그때 자동 생성할 수 있다.

분할 통치법

캘리포니아대학 버클리 캠퍼스의 CAD 수업에서 처음에 배운 것이 분할 통치법(Divide and Conquer)이었다. 복잡한 문제라도 비슷한 작은 문제로 분할해서 각각 해결한 후에 조합하면, 해결책을 이끌어낼 수 있다는 사고법이다. 컴퓨터 알고리즘 대부분이 이런 사고로 설계된다. 문제 분할, 해법, 결과의 조합은 재귀적 방법으로 수행된다. 그 결과, 계산 시간이 비약적으로 단축된다.

예를 들어 정렬하는 알고리즘의 계산량 O를 비교해 보자. 계산량 O는 입력 사이즈 n에 따라 어떤 식으로 변화할까. 가장 단순한 버블 소트라는 수법의 연산량 O는 n^2에 비례하는 반면, 분할 통치법을 이용한 퀵 소트의 O는 $nlog_2n$으로 연산량이 대폭적으로 줄어든다.[36] 예를 들자면, n이 1000일 때 계산량은 약 1/100로 줄어든다. 즉 계산이 100배 빨라진다.

AI 시대에 필요한 것은 빠른 시행착오다. 대량의 데이터를 AI로 분석해서 모델을 찾아내고, 그 모델을 재빨리 실험해서 데이터를 더 모아 분석하고 개선을 반복한다. 이러한 시행착오를 척척 해내는 것이 매우 중요하다.

애자일과 대규모 설계, 이 모순되는 제약 아래에 AI 시대에 맞는 칩 개발법을 창출해야만 한다. 애자일을 개발할 때도 데이터를 수집할 때도, 중국에서 배울 점이 많다. 그러고 보니 중국에서 온 유학생이 나에게 자주 '선생님, 너무 정성들여 준비하시는 거 아닌가요?' 라고 말했던 기억이 난다.

03

실리콘 컴파일러
—소프트웨어를 쓰듯 칩을 만든다

실리콘 컴파일러 1.0

컴파일러는 소스 코드를 오브젝트 코드로 변환하는 소프트웨어다. 소스 코드는 인간의 언어에 가까운 고급 언어로 기술되어 있어서 그대로는 컴퓨터가 이해하지 못한다. 그래서 컴파일러를 사용해 기계어인 오브젝트 코드, 즉 실행 바이너리로 변환한다.

마찬가지로 하드웨어의 사양을 실리콘 칩으로 변환하는 소프트웨어를 실리콘 컴파일러라고 부른다. 예를 들어 하드웨어 기술 언어인 베릴로그(Verilog)를 실리콘 칩 위의 회로 형상 데이터 GDS－Ⅱ

로 변환한다.

1979년에 캘리포니아 공과대학의 데이비드 요한센이 「브리스톨 블록: 실리콘 컴파일러」라는 논문을 발표했다('브리스톨 블록(Bristol Block)'이란 브러시 모양으로 되어 있어 어떤 위치에도 끼워 맞출 수 있는 블록 모양의 장난감으로, 모양은 반도체와 비슷하다). 카버 미드와 린 콘웨이가 VLSI 설계의 교과서 『초 LSI 시스템 입문』을 저술한 해였으니 실리콘 컴파일러는 매우 자연스러운 발상이었을 것이다.

요한센의 지도 교수는 미드(Mead)였다.[37] 미드는 1982년에 「실리콘 컴파일러와 파운드리는 유저가 설계한 VLSI의 안내 역할을 한다」라는 제목을 붙인 논문에서 실리콘 컴파일러와 파운드리로 전용 칩을 만드는 시대를 예견했다.

요한센은 1981년에 에드몬드 첸과 실리콘 컴파일러사(Silicon Compilers Inc.)를 설립했다. 이 회사가 만든 GENESIS라는 실리콘 컴파일러를 사용하면, 메뉴를 선택하면서 기존에 비해 1/5 정도의 짧은 기간에 칩을 설계할 수 있었다. DEC(Digital Equipment Corporation)는 그것을 MicroVAX라는 미니컴 개발에 이용했다고 한다. 하지만 그 외에는 큰 성공을 거두지 못한 채 회사는 곧 매각되었다. 시애틀 실리콘 테크놀로지라는 회사도 실리콘 컴파일러를 개발했지만, 성공하지 못했다.

실리콘 컴파일러는 오늘날에도 아직 실용화되지 않았다. 이유는 뭘까?

소프트웨어는 버그가 있어도 나중에 패치(Patch) 프로그램을 이용하여 수정할 수 있지만, 하드웨어는 곧바로 수정해야 한다. 또한 소프트웨어의 성능은 하드웨어와 함께 진화한다고 생각하지만, 하드웨어는 완성될 때 사양을 충족할 수 있는 성능을 가져야 한다고 생각한다. 즉, 하드웨어는 소프트웨어보다 훨씬 더 설계가 어렵고, 개발할 때의 리스크가 크다.

클릭 한 번으로 컴파일하는 것은 소프트웨어의 세계에서는 당연한 일이라도 하드웨어의 세계에서는 꿈같은 이야기다. 칩 설계 툴의 대기업인 시놉시스나 케이던스 디자인 시스템도 '컴파일러'라 이름 붙인 툴을 개발했지만, 그것은 숙련된 기술자가 쓰는 툴이다. 지금까지 소프트웨어를 작성하는 것처럼 칩을 만들어내는 것은 꿈속 이야기였다.

실리콘 컴파일러 2.0

그런데 최근에 실리콘 컴파일러에 대한 기대가 다시 높아지고 있다. 그 이유는 전과 다르다.

설계는 PPA(Power Performance Area)의 최적화이다. 예전에는 면적(area), 그러니까 칩의 비용이 최우선이었다. 곧이어 퍼포먼스, 즉 칩의 동작 속도가 중요해졌고, 현재는 파워가 최우선이 되었다. 왜냐하면 칩의 전력이 상한치에 이르렀기 때문에 전력 효율을 높인 것이 그만큼 칩의 성능을 끌어낼 수 있기 때문이다. 다시 말해 칩의 성능은 전력 효율로 정해진다.

무엇이든 할 수 있는 범용 칩에 비해 쓸모없는 회로를 깎아낸 전용 칩은 전력 효율을 훨씬 더 올릴 수 있다. 하지만 전용 칩의 생산량은 범용 칩에 비해 무척 적기 때문에 개발비가 칩 비용에 크게 반영된다.

칩의 설계 기술은 무어의 법칙을 따라가지 못하고, 최근에 개발비는 급증하여 100억 엔에 도달할 기세다. 만약 개발비가 100억 엔이고 제조비가 1개에 1,000엔인 칩을 1,000만 개 제조하는 경우, 칩 비용의 절반은 개발비가 된다. 즉, 개발비를 1/10으로 줄일 수 있으면 면적이 1.5배가 되어도 25%의 비용을 낮출 수 있다.

[그림 5-2] 실리콘 컴파일러로 소프트웨어를 쓰듯이 전용 칩을 만든다
(출처: 필자 작성)

예전에는 소요되는 개발비가 충분히 작았기 때문에 면적이 최우선되었지만, 현재는 개발비가 급증했기 때문에 줄여야 할 필요가 생겼다. 또한 비용뿐만 아니라 개발 시간 단축도 기술 변화가 빠른 현대에는 리스크를 줄이는 결과로 이어지므로 필요하다.

파워를 많이 줄일 수 있는 ASIC을 퍼포먼스나 면적이 다소 떨어지더라도 컴파일러로 저비용, 단시간에 개발할 수 있으면 이익도 낼 수 있다. 그리고 개발하는 칩의 갯수가 늘어나면 한꺼번에 시제품을 만드는 서비스(MPW: Multi Project Wafer)를 이용해서 10억 엔이나 하는 마스크 비용을 1,000만 엔으로 낮출 수 있다.

나아가 고위 합성(HLS)과 조합하면 C로 칩을 기술할 수 있다. 칩 설계자 커뮤니티가 소프트웨어 설계자처럼 확대된다. 하드웨어 세계에도 오픈 소스 사업이 뿌리를 내리면, 비즈니스 에코 시스템의 네트워크가 중층적으로 확대되고 발전해서 집단 협업(Mass collaboration)도 가능해질 것이다. 그렇게 되면, 그야말로 소프트웨어를 쓰듯이 칩을 만들 수 있다.

d.lab은 고위 합성으로 C에서 Verilog를 합성하고, 3D-FPGA로 시스템 설계와 검증을 한 후에 Verilog에서 GDS-Ⅱ를 컴파일해서 ASIC을 개발하는 설계 플랫폼을 연구 개발한다.

우리의 목표는 실리콘 기술의 민주화(Democratize access to Silicon Technology)다. 시스템 개발자가 곧바로 ASIC을 만들 수 있도록 하는 것이 목표다. 그러려면 실리콘 컴파일러로 개발 효율을 10배 높여서 소프트웨어를 쓰듯이 칩을 만들도록 해야 한다(그림5-2).

르네상스

1986년. 도시바에서 일하고 있던 나는 요한센이 설립한 '실리콘 컴파일러사'와 협업할 일을 찾고 있었다. 그 일을 하다 만난 사람이 톰 호였다. 나중에 나의 둘도 없는 친구가 된 인물이다.

톰은 마카오에서 캘리포니아로 이주하여 버클리 캠퍼스를 졸업했다. 인텔에서 80286(CPU의 명칭)의 설계 주임으로 일하다가 에드먼드가 불러 '실리콘 컴파일러사'에 입사했다. 우리가 만났을 때 그는 31살이었고 나는 27살이었다.

산호세의 민박집에서 우리는 공책에 회로도를 그리며 시간이 가는 줄도 모르고 회로에 대해 열띤 토론을 했다. 톰은 SRAM을 사용하는 센서 앰프에는 입출력을 단락한 인버터가 가장 좋다는 것을 나에게 알려주었다. 이후 1991년에 내가 발표한 ABC(자동 바이어스 제어) 회로는 이때의 논의가 계기가 되어 마침내 아이디어로 결실을 맺은 것이다.

톰에게 회로는 어디서 배웠는지 묻자, 버클리 캠퍼스 수업에서 카를로 세칸에게 배웠다고 대답했다. 그때 내가 버클리 캠퍼스에 가고 싶다고 하자, 그는 GENESIS의 두꺼운 매뉴얼을 들고 편도 한 시간 반이나 걸려 나를 버클리까지 데려다줬다.

1988년에 나는 캘리포니아대학 버클리 캠퍼스로 유학을 갔다. 그때의 호스트가 데이비드 패터슨과 RISC-I를 개발한 카를로 세칸이었다.[38] 버클리 캠퍼스는 1970년대에 도널드 피더슨이 회로 시뮬레이터인 SPICE를 개발하고, 80년대에는 리처드 뉴턴과 알베르토 산조반니-빈센텔리와 바트 브레이튼이 자동 레이아웃과 논리 합성 연구를 견인했다. 시놉시스나 케이던스 등의 회사도 잇따라 생겨났고, 실로 화려한 시대였다. 2000년경부터 EDA 시장은 서서히 포화 상태가 되었고, 기술 진보도 완만해졌다.

최근에 버클리 캠퍼스에서 학생이 RISC-V를 Chisel라는 하드웨어 설계 언어로 작성하며 한 달마다 테이프 아웃(tape out, 집적회로 설계를 마치고 파운드리 회사에 설계도를 전달한다는 의미-역주)을 반복하는 이야기를 자주 듣는다. 나는 EDA 르네상스의 향수를 느낀다.

톰, 실리콘 컴파일러를 다시 한번 해 보지 않을래!

04

반도체의 민주화
— 애자일X

애자일X

일렉트로닉스의 뒤를 잇는 기술은 무엇일까? 스핀트로닉스인가 포토닉스인가, 아니면…….

친환경이면서 고성능 반도체를 만들어내기 위한 새로운 돌파구('X')를 만들기 위한 연구 개발과 미래 반도체 산업을 견인할 인재 육성을 목표로 한 문부과학성의 사업 '차세대 X-nics 반도체 창성 거점 형성 사업'이 공모되었다.

우리는 다음과 같은 제안을 가지고 응모했다.

차세대 기술이 무엇이든지, 그것은 반도체 기술을 활용해서 신속하게 사회에 안착되어야 한다. 즉, 신속함이야말로 새로운 'X'의 돌파구이다.

이 제안이 채택되어 'Agile-X~혁신적 반도체 기술의 민주화 거점' 사업이 도쿄대학에서 2022년에 시작되었다.

전용 칩의 과제는 개발 효율이다. 설계에 100명이 달려들어도 1년이 걸리는 경우가 있다. 게다가 제조에만 4개월이 걸린다. 그리고 50억 엔이 넘는 개발 비용도 필요하다. 개발 기간과 비용은 집적도와 함께 상승 곡선을 그린다.

그 결과, 일본에서는 전용 칩을 개발할 수 있는 기업이 매년 감소해서 공동화(空洞化)가 시작되었다. 일본에 반도체 신공장을 건설한다 해도 해외 기업만 이용하게 된다면, 일본의 디지털 산업에 직접적인 도움은 되지 않는다. 설계 능력을 강화해야 한다.

애당초 개발에 1년 반이나 필요하다는 것 자체가 디지털 시대의 성장 전략과 들어맞지 않는다. 하드웨어와 소프트웨어를 높은 수준으로 융합시키는 것의 중요성은 앨런 케이나 스티브 잡스 등 많은 리더가 이미 오래전부터 지적해 왔다. 그러나 소프트웨어는 버전 업을 반복하는데, 하드웨어는 빠르게 업데이트를 할 수 없기 때문에 양자를 고도로 융합시키는 것은 도저히 불가능하다.

'소프트웨어처럼 업데이트할 수 있는 칩을 생각해 보지 않겠나.'

대형 전기 메이커의 경영자가 심각한 얼굴로 그렇게 말한 적이 있다.

그러니까 프로그램을 쓰듯이 칩을 설계하고, 프로그램을 컴파일하듯이 칩의 시제품을 만들고 싶다. 이 꿈의 실현을 목표로 하는 것이 애자일 X다.

칩 개발 기간을 1/10로, 그 비용을 1/10로 단축할 수 있는 플랫폼을 개발할 수 있다면 전용 칩을 설계할 수 있는 인구가 10배로 늘고, 칩은 분명히 민주화될 것이다. 그런데 정말 그게 가능할까?

발상의 전환이 필요하다. 산업계의 기술 체계는 규격 대량 생산을 지향했다. 그보다 뛰어난 물건은 만들지 못하겠지만, 그것과 다른 물건은 만들 수 있다. 그러니까 다품종 소량 생산을 지향한 새로운 기술 체계다.

먼저, 설계는 컴퓨터로 전자동화한다. 'No human in the loop', 그러니까 설계 사이클 안에 사람을 참가시키지 않는 것이다. 당연히 프로 설계자가 시간을 들여 설계한 성능에는 미치지 못할 것이다.

하지만 '80점 주의'를 지향하면 가능하다.

시간을 들여 100점 만점으로 완성하는 것보다 설계 기간을 1/10로 단축하는 것이 중요하다. 디지털 시대에는 시간이 곧 돈이다. 가격 대비 성능보다 시간 대비 성능이다. 이를 위해 필요한 고위 합성(HLS) 기술은 일본이 다른 나라에 비해 경험이 많다.

다음으로, 시제품을 세미 커스텀 제조로 빠르게 만들어낸다.

이는 양복을 풀오더로 만드는 대신 이지오더로 만드는 것과 흡사하다. 구체적으로 말하면 트랜지스터까지는 미리 만들어 두고, 배선으로 전용 회로를 완성한다는 것이다.

범용도 괜찮다면 칩의 수가 100개인 경우 웨이퍼 한 장 가격의 1/10, 그러니까 약 수십만 엔으로 최첨단 트랜지스터를 구입할 수 있다. 그리고 배선만 하면 한 달이면 제조할 수 있다. 1990년대에는 일주일 만에 게이트 어레이를 개발했다. 당시와 비교하면 배선 층수가 대폭으로 늘어나긴 했지만, 1개월 안에 제조할 수 있을 것이다.

또한 고가의 마스크를 제조하지 않고 웨이퍼에 직접 패턴을 그리는 기술도 추구하고 싶다. 제조의 스루풋은 떨어지지만, 소량 생산을 한다면 오히려 이 방법이 더 경제적이다.

게다가 칩렛(Chiplet)도 써서 설계 자산을 재이용한다.

이러한 것들이 쌓이고 쌓이면, 1/10의 시간과 비용으로 전용 칩을 개발하는 일도 꿈이 아니다. 그 결과, 전용 칩을 개발하는 인구가 10배로 늘 것이다.

현재 소프트웨어 인재는 반도체 인재보다 10배 이상 많다. 그들은 범용 칩을 이용해서 시스템을 개발하고 있기 때문에 전력 소비가 커져서 좋은 서비스를 제공할 수 없다.

애자일 X로 전용 칩을 1/10의 기간과 비용으로 개발한다면, 소프트웨어 인재와 반도체 인재가 협동해서 하드웨어와 소프트웨어를 융합시키면서 개발과 개량을 고속 사이클로 반복할 수 있게 된다. 이것이 애자일 X가 목표로 하는 10년 후의 성장 모습이다.

과학의 발전에 공헌하다

애자일 X를 교육에 활용하면 시스템에서 회로와 디바이스까지, 바꿔 말하면 반도체 제조의 시작부터 끝까지 일괄적으로 배울 수 있다. 몇 주 만에 설계와 시작품을 경험할 수 있으므로 쿼터제 수업에서도 연습할 수 있다.

제조 장치를 인터넷에 접속하여 전국에서 클린룸을 조작할 수 있게 하면, 메타버스에서 디바이스 제조를 체험할 수 있다.

이러한 교육 시스템을 현재 개발 중이다. 2024년도에는 전국에서 이용할 수 있도록 하고 싶다.

생각해 보면 연구자는 치열한 시간 경쟁에 놓여 있는 사람이다. 라이벌보다 하루만 늦어도 그 연구는 평가받지 못한다. 한편으로 연구자는 대량의 데이터를 해석하고 그중에서 진리를 찾는다.

애자일 X를 연구에 이용하면 데이터를 재빨리 해석해서 진리를 탐구하거나, 혹은 아이디어를 입증해서 사회에 적용할 수 있다. 즉, 과학의 발전에 이바지할 수 있다.

데이비드 쇼는 슈퍼컴퓨터를 직접 개발해서 신약(新藥)을 만드는 것을 목표로 하는 과학자다. 그는 1980년에 스탠퍼드대학에서 박사 학위를 땄고, 콜롬비아대학에서 계산기과학을 가르쳤다. 그리고 1988년에 D.E.쇼라는 회사를 설립했다. 그는 컴퓨터 자원을 활용한 고도의 수학적 수법으로 자산을 운용하여 이 회사를 세계 최대급 헤지펀드로 키웠다.

그 후 가까운 사람이 암에 걸린 일을 계기로 단백질 분자 동역학에 흥미를 가지고 2001년 D.E.쇼 연구 회사를 설립했다. 그러고는 생물학, 화학, 물리학, 수학, 계산기과학, 공학 연구자들을 뉴욕의 고층 빌딩에 모았다.

단백질은 아미노산 사슬이 어떤 식으로 접혀 있는지에 따라 성질이 크게 다르고, 약에 반응하는 모습도 바뀐다. 그 입체 구조를 해석하기 위해서는 원자 1개당 1만 번의 연산을 하고, 100만 개의 원자를 대상으로 펨토 초(10^{-15}초, 1000조분의 1초-역주)의 시간 단위로 밀리초 동안 연산을 반복해야 한다. 그러면 10의 22승(10^{22})의 연산이 필요하다. 어마어마한 계산량이다.

그런 이유로, 2009년에 512 노드로 구성되는 분자 동역학 전용 슈퍼컴퓨터를 개발했다. 2014년에는 전용 칩을 새로 개발해서 연산 성능을 5배인 매초 12.7테라(10의 12승) 연산으로 끌어올렸다. 이걸 이용하면 512 노드로 매초 6.5페타(10의 15승)의 연산을 할 수 있다. 10의 22승(10^{22}) 번 연산에 필요한 시간이 20일로 단축되어 실용적인 규모의 문제를 현실적인 처리 시간으로 풀 수 있게 되었다.

시뮬레이션 결과를 동영상으로 보면, 부드러운 단백질이 아주 민첩하게 움직인다. 단백질이 대규모로 흔들리는 모습이 재현되는 것을 보니 눈이 번쩍 뜨였다.

반대로 과학의 진보가 칩의 진화를 가속하는 일도 있다. MIT의 분자신경생물학자와 우리는 공동 연구를 하고 있다. 근래 들어 이 분야는 놀라운 발전을 기록 중이다.

현재 널리 이용되고 있는 신경 회로망은 사실 70년 전의 오래된 모델이다. 이것을 최첨단 모델로 바꾸면, AI 처리의 소비 전력을 현재의 1억분의 1로 절감할 수 있다는 사실을 우리는 찾아냈다.

상세한 설명은 생략하겠지만, 중요한 것은 약 10종류의 비선형 함수를 시냅스에 이용하는 것이다. 비선형 함수는 메모리에 저장된 표를 참조하는 방식(룩업 테이블)을 써서 회로로 실현할 수 있다.

이 최신 모델을 실제로 실험하려면 최첨단 프로세스로 제조해도 10장 정도의 칩이 필요하다. 즉, 최첨단 분자신경생리학에 기반한 신경 회로망은 AI 처리에 필요한 전력을 1억분의 1로 줄일 수 있어 최첨단 반도체의 수요를 창출할 수 있는 것이다.

이처럼 과학과 반도체는 서로 영향을 주고받으면서 앞으로 언급한 공진화를 일으킬 것이다.

SPICE가 머리에 깃들다

1980년대부터 1990년대에 걸쳐 전용 칩의 시대가 있었다.

나는 대학을 졸업하고 도시바에 입사해 날이면 날마다 회로 시뮬레이션을 했다. 당시 컴퓨터는 IBM의 메인 프레임 S/370이었다. 구멍을 뚫은 펀치 카드 묶음을 카드 리더가 팔랑팔랑 소리를 내며 읽고, 몇 시간이나 되는 침묵 끝에 갑자기 프린터가 대량의 종이를 신음하듯이 뱉어낸다. 그 종이를 길게 늘어뜨려 색연필로 기호를 따라가면 회로의 동작 파형이 나타난다.

회로 시뮬레이터는 캘리포니아대학 버클리 캠퍼스의 도널드 피더슨 교수가 개발한 SPICE(IC 중시형 시뮬레이션 프로그램)이다.

도구는 쓰면 쓸수록 사용법이 익숙해지고 즐거워진다. SPICE는 곧 나의 머릿속에 자리잡았고, 나는 컴퓨터로 계산하기 전에 회로도를 보기만 해도 그 동작을 예견할 수 있는 능력이 생겼다. 이른바 SPICE는 나의 소중한 가정교사였다.

SPICE의 매뉴얼은 나에게 바이블이다. 그 표지에 그려진 새더(UC 버클리의 상징인 종탑-역주) 타워 앞에 섰을 때는 감격스러웠다.

내가 버클리로 유학했던 때가 1988년. 당시 버클리는 그야말로 반도체의 국제 두뇌가 순환하는 교차점이었다. 전용 칩 시대에 버클리는 세계의 두뇌를 끌어당기는 자력을 뿜어내고 있었다. 대기업 설계 툴 회사인 시놉스나 케이던스가 당시 버클리에서 태어났다. 또한 iPad의 원형이라고도 할 수 있는 시스템을 애플에서 제품화하기 15년 전에 버클리에서 실증 실험했다.

이제 다시 전용 칩의 시대가 도래했다. 일본의 대학들이 국제 두뇌 순환의 교차점이 되었으면 하는 바람이다.

사족이지만 예전에는 직접 SPICE 프로그램을 돌리고 비행기 안에서도 PC버전 SPICE로 회로 시뮬레이션을 했는데, 곧 학생에게 맡기고 나는 하지 않게 되었다. 그 바람에 비행기 안에서도 와인을 마시거나 영화를 보았더니 SPICE가 내 머리에서 스르륵 빠져나갔다. 매우 아쉽다.

【column】

국제 두뇌 순환

실리콘밸리에 인접한 고급 주택지, 새러토가(Saratoga). 풀 사이드 소파에 데이비드, 아민과 사하르, 그리고 TT가 앉아 있다. 네 사람은 캘리포니아대학 버클리 캠퍼스를 졸업한 나의 학생이다.

졸업한 지 15년이 지났다. 데이비드는 중국에서 온 유학생. 졸업 후 실리콘밸리에서 활약하고 지금은 투자가로서 미국과 중국의 다리 역할을 하고 있다. 이 집의 주인이다.

아민과 사하르는 이란에서 온 유학생으로 현재 아민은 스탠퍼드대학의 부교수다. 같은 반 친구였던 사하르와 결혼해서 샌프란시스코의 다운타운에 살고 있다.

TT는 대만에서 온 유학생으로 현재 국립타이완대학의 부교수다. 안식년으로 버클리에 와 있다.

버클리 캠퍼스 컴퓨터과학과의 교수 두 사람이 각각 2,500만 달러(약 30억 엔)씩 대학에 기부했다는 이야기가 화제가 되었다. 그들은 클라우드 컴퓨팅이 진화한 '스카이 컴퓨팅'이라는 회사를 창업해 대성공을 거두었다고 한다.

그리고 아민이 실리콘밸리에서 사업을 시작한 스타트업 이야기로 넘어갔다. 최근에는 IPO(주식 상장)를 하지 않으면서 자금 조달을 하는 방법이 늘고 있는 이유를 설명한다. 이윽고 세계 경제 이야기, 그들의 모국인 중국이나 이란의 정치 경제와 역사 이야기에 꽃을 피운다.

그리고 데이비드가 나와 함께 역사 탐험을 했던 이야기를 시작했다.

◇◇

데이비드의 친구인 리춘이 일본의 옛 두루마리를 소장하고 있었다. 데이비드가 나에게 어떻게 해석을 하냐고 물어본 것이 전년도 봄이었다. 나는 도쿄대학 부속 도서관장인 사카이 슈이치 교수에게 상담을 했고, 같은 대학 사료 편찬소에서 특별히 번역과 관련 조사를 해 주었다.

이듬해인 2022년 봄, 데이비드가 일본에 왔을 때 텐푸라 식당에서 이 얘기를 나누다가 생각지 못한 방향으로 이야기가 전개됐다. 실은 TSMC의 창시자인 모리스 창 이야기에 이른 것이다.

사실 리춘의 어머니는 일본 아시카가 가문의 직계 자손이며, 고조부는 미토 번주인 도쿠가와 나리아키였다. 그녀가 가지고 있던 두루마리는 도쿠가와 가문이 갖고 있던 것이었다. 그리고 리춘은 유학을 한 버클리에서 로버트 우라는 과학자와 결혼했다.

로버트 우는 마오쩌둥에게 로켓 왕이라 명명 받은 과학자 첸쉐썬에게 사사하기 위해 중국으로 건너가게 되는데, 첸쉐썬의 아내는 리춘의 친척이었다. 로버트 우는 중국 과학원에서 바이폴라 트랜지스터를 국산화하는 데 성공하고, 중국 최초의 국산 컴퓨터를 실현하는 데 크게 공헌했다. 하지만 중국에서 문화 혁명의 폭풍이 일어나면서 그는 리춘과 함께 실리콘밸리로 돌아왔다. 그리고 이 로버트 우가 바로 중국에서 모리스 창과 같은 중학교를 나왔다.

한편, 데이비드의 버클리 선배인 탈린 슈는 대만 정부의 요청을 받고 모리스 창을 대만으로 초빙하도록 도왔다……. 데이비드와 리춘의 교유가 국경을 초월해 복잡한 경로를 따라 모리스 창에게 이르렀다.

역사의 실타래는 복잡한 모양을 자아낸다. 국제 사회에서 키워진 두뇌 순환망 안에서 만유인력이 작용하여 많은 것들을 끌어당긴다. 이번에 그것은 반도체와 버클리, 그리고 무엇보다 우정이었다.

◇◇

그해 여름, 아침 8시. 나는 중의원 제2의원 회관을 방문했다. 자민당 대의원의 스터디 모임에 강사로 초청받았다. 전직 장관이 몇 명이나 앉아 있는 가운데 나는 그곳에서 '국제 두뇌 순환-반도체 나비효과'를 주제로 이 이야기를 했다.

덧붙여 국제회의 VLSI 심포지엄의 설립 비화도 공개했다. 미국과 일본 간의 반도체 마찰이 점점 더 거세졌던 1980년 초두의 일이었다.

반도체는 최첨단 과학 기술이며, 연구자 사이에는 업적에 대한 존경과 그것을 기반으로 한 우정이 존재한다. 도쿄대학 교수인 다나카 쇼지는 연구자 커뮤니티에서 미국과의 연결고리를 만드는 것이 중요하다고 생각했다. 그래서 미국 반도체 커뮤니티의 중심인 RCA 연구소의 월터 코조노키 박사에게 말을 걸었다.

월터는 1944년에 우크라이나의 키이우를 탈출해 미국으로 이주했고, 고된 학업 끝에 미국을 대표하는 반도체 연구자가 되었다.

이윽고 1981년에 제1회 회의가 개최되었다. 그 회의는 이렇게 요약되었다.

'미국과 일본이 VLSI 기술 개발의 2대 거점이다. 개발 목적은 대집적된 고속 디바이스를 실현하고, 고품질의 정보 처리를 낮은 비용으로 실현하는 데 있다. VLSI 기술은 정보 혁명을 일으키고 생산성을 높여 교육과 커뮤니케이션의 개념을 다시 정리하고 일과 여가의 라이프스타일을 근본적으로 바꾸며 산업 사회에 사는 사람들의 인생에 영향을 줄 것이다.

이 심포지엄의 목적은 VLSI 기술에 관계하는 과학자와 기술자가 협력 정신을 갖고 한 곳에서 만나 성과를 보고하고 장래의 방향성을 토론하는 것이다.'

정말이지 현대에도 통하는 진리다.

이후에 일본은 미일 반도체 마찰로 피폐해져 반도체 산업이 쇠퇴했지만, 현재에도 미국이나 세계적으로 얼굴이 알려진 연구자는 일본에 많이 남아 있다. 일본이 이런 국제적인 수준의 연구자들을 많이 보존할 수 있었던 것은 이 VLSI 심포지엄을 설립해서 운영해 온 선배들의 지혜 덕분이었다.

나는 1988년, 28세의 젊은 나이에 샌디에이고에서 개최된 VLSI 심포지엄에 처음으로 참가했다. 500명 이상이 모이는 연회에서 나의 보스는 혼잡한 사람들 속 중심에 있는 인물을 가리켰다. "저 사람이 월터 코조노키야. 미국의 중심이지. 인사하고 와."

그곳에는 나처럼 처음으로 VLSI 심포지엄에 참가한 또 다른 젊은이도 있었다. 월터의 아들인 스티브 코조노키다. 그와 나는 현재 VLSI 심포지엄의 위원장을 맡고 있다.

마지막에 나는 이런 메시지를 의원들에게 보냈다.

"컴퓨터의 원형을 만든 영국의 수학자 앨런 튜링은 '시대적으로 누구도 상상하지 않은 인물이 상상하지 못할 위업을 이룩한다'라고 했습니다. 나비 효과는 국제 두뇌 순환 안에서 일어나지요. 이노베이션은 집단 지성에서 생겨납니다. 따라서 More Moore나 More than Moore라는 나노테크와 더불어 More People, 그러니까 반도체의 민주화가 중요합니다.

그리고 그 중핵이 되는 고급 인재를 많이 양성하고, 이것을 국제 두뇌 순환망으로 연결하는 것이 중요합니다. 대학은 그 교차점이 되며 부화하는 알을 품은 그릇이 됩니다.

수많은 연구 중 무엇이 빛을 볼지 알 수 없습니다. 그러니까 헛발질을 많이 할 각오가 필요합니다. 국제 공동 연구는 국제 두뇌 순환망으로 이어지는 적당한 기회를 줄 겁니다. 인재야말로 일본의 자본이며, 새로운 자본주의의 실현에 꼭 필요하다는 것을 마지막으로 말씀드리며, 오늘 이야기를 마치려고 합니다."

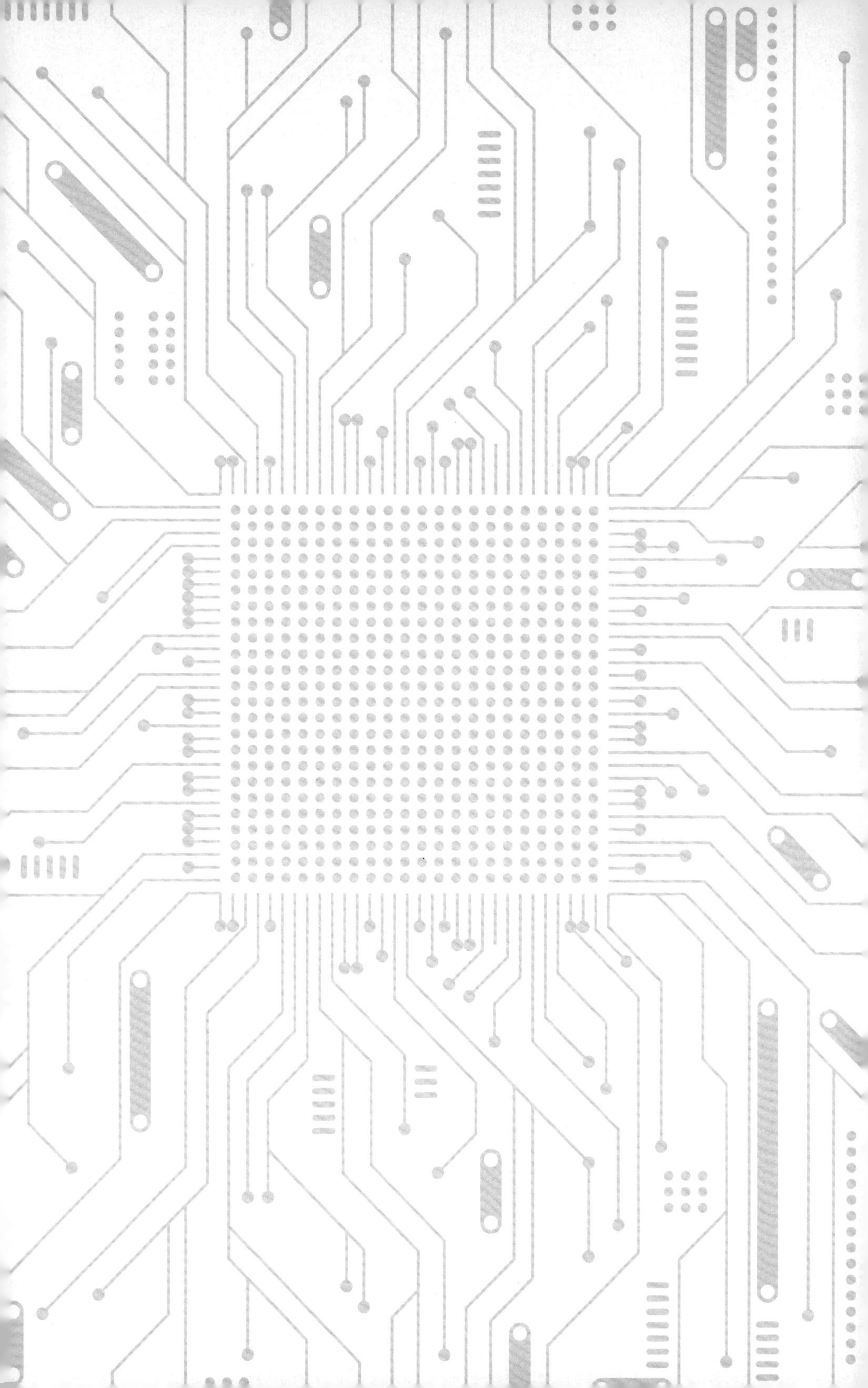

06

초진화론

超進化論

[Epilogue]

01

거대 집적
—There's plenty of room at the TOP

1959년 12월 29일, 캘리포니아 공과대학.
미국 물리학회의 연례 집회에서 물리학자 리처드 파인만은 이렇게 말했다.

"There's plenty of room at the bottom."

그 말인즉슨, 미세한 세계에는 아직 흥미로운 일이 많이 있다는 뜻이다. 이 파인만의 말을 계기로 세계는 미세 디바이스를 탐구하기 시작했다. 이윽고 마이크로 일렉트로닉스가 탄생했고, 나아가 나노 일렉트로닉스로 발전했다.

반도체의 미세화가 한계에 가까워지는 가운데, 더 박차를 가하고 있는 것이 More Moore이다. 일본은 오랜 잠에서 깨어나 단숨에 2㎚보다 더 얇은 미세 세계에 도전한다.

한편, 미세화 대신에 새로운 가치를 만들어내려고 하는 More than Moore. 그 연구 개발도 가속하고 있다. 백화요란(百花燎亂, 온갖 꽃이 불타오르는 듯 피어 매우 화려하다–역주) 속에서 3D 집적 기술은 그 선두주자이다. 다양한 디바이스를 하나의 패키지에 3D 집적하는 시대로 접어들었다.

나는 파인만의 말을 가슴에 새기고 이렇게 주장한다.

'There's plenty of room at the TOP.'

즉, 'bottom'이 나노(10^{-9}) 단위의 치수를 탐구하는 것이라면, 'TOP'은 기가(10^9=10억), 나아가 테라(10^{12}=1조)라는 거대 집적을 탐구하는 것이다.[39]

1,000억 트랜지스터를 집적하는 칩이 이제 곧 실현될 것이다. 인텔의 CEO 팻 겔싱어는 2030년까지 패키지 하나에 1조 개의 트랜지스터가 집적될 것이라고 예언했다. 테라 집적의 시대가 코앞으로 다가왔다.

1980년대에는 1만 개의 트랜지스터를 집적한 칩이 TV나 비디오에 이용되었다. 2000년대에는 1,000만 개의 트랜지스터가 칩에 집적되어 PC에 이용되었다. 그리고 현대에는 100억 개의 트랜지스터를 집적한 칩이 스마트폰에 쓰이고 있다.

과연 1조 개의 트랜지스터는 무엇을 만들어낼까?

앞으로 반도체는 물리 공간과 가상 공간을 고도로 융합함으로써 가치를 만들어낼 것이다. 반도체의 무대는 더 넓어지고, 반도체 산업은 명목 GDP의 0.6%대를 향해 가게 될 것이다. 2030년에는 세계적으로 100조 엔 시장이 될 것으로 예측된다.

물리 공간과 가상 공간을 융합하는 반도체 제품은 구체적으로 무엇에 쓰일까?

예를 들어 자율 주행에 쓰인다면, 먼저 공장부지 안처럼 한정된 장소에서 쓰이기 시작할 것이다. 다음으로 운송용 차량들이 기나긴 줄을 이루어 무인으로 고속도로를 달리게 될 것이다. 노인층만 남아 인구가 줄어든 시골에서는 운전을 하기 어려워하는 고령자의 안전한 이동 수단이 될 것이다.

주차장에 들어갈 때 운전이 전자동으로 바뀌면 사람은 먼저 내릴 수도 있게 될 것이다. 이렇게 되면 혼잡한 주차장 주변 문제를 해소할 수 있다.

일반 도로에서도 자율 주행은 단계를 밟으며 기술이 고도화할 것이다. 그렇게 되면 도시의 교통 체증이 해소된다. 운전할 때 20%의 여유를 가진다면 정체 자체가 발생하지 않는다고 한다. 자동차와 도로 기술을 연계해서 그 여유를 만들어낼 수 있다.

또한 로봇 공학도 큰 시장을 만들어낼 것이다. 청소나 간호 등을 서비스하는 로봇부터 요리나 대화를 즐기는 로봇까지 다양한 로봇이 등장할 것이다. 게다가 센싱 기술 등을 구사해 도시 곳곳에서 자동적으로 정보를 모으는 스마트 시티나 데이터로 공장을 구동시켜 자동 조업할 수 있는 스마트 공장 등, 일손을 줄이고 편리한 기능을 사용할 수 있을 것이다.

반도체는 앞으로 모든 것에서 결정적으로 중요한 핵심 기술이 될 것이다.

전 세계에서도 저출산 고령화 사회를 유독 빨리 맞이한 일본은 그야말로 해결해야 할 과제가 많다. 인구가 급증할 때는 식재료 부족이 문제이고, 인구가 급감할 때는 일손 부족이 문제이다. 반도체는 두 가지 문제를 다 해결하는 데 도움이 되지만, 특히 일손 부족 문제는 반도체를 이용하여 AI를 사회에 적용함으로써 해결할 수 있는 일이 많다.

아이디어가 중요하고 이노베이션이 요구된다.

이노베이션은 많은 두뇌가 오가는 곳에서 싹튼다. 더 많은 사람이 참가해서 이노베이션을 만들어낼 수 있도록, More People이 중요해진다.

30년 전 TV나 비디오 시절에 비하면, 반도체의 집적도는 100만 배가 되었다. 예전의 반도체 산업은 규격 주택을 만들며 겨루던 모습과 비슷하다. 같은 스펙의 집을 여러 메이커가 경쟁하여 판매했다. 어디가 가장 저렴한지가 구매 포인트였다.

앞으로 반도체는 규격화된 집을 만드는 것이 아니라, 환경을 조성하는 역할을 할 것이다. 어떤 거리를 만들고 싶은지는 각양각색이다.

그리고 그 거리의 풍경을 만드는 것은 한 회사나 한 업종만으로는 불가능하다. 예를 들어 자동 운전의 경우, 자동차 메이커, 전자기기 메이커, 통신업자, 데이터 센터, 공공 서비스, 사회 인프라, 보험, 광고 등 다양한 업종의 연계가 필요하다.

반도체는 집 만들기에서 거리 만들기로 진화한다.

02

무성한 숲
—생태계의 힘

시점을 반도체 유저에서 메이커로 돌려 보자. 일본은 반도체 제조 장치와 소재가 강하다.

반도체 제조 장치는 10만 점이 넘는 부품으로 이루어진다. 자동차 한 대에는 부품이 약 3만 개가 들어가니 자동차에 비해 아주 대규모인 데다가 복잡하기까지 하다.

하물며 주문받은 반도체 제조 장치가 매번 다른 사양이기 때문에 10만 점이 넘는 부품 리스트가 매번 서로 다르다. 그래서 소인원으로 이루어진 작업 팀이 제품 조립부터 검사까지 맡는 개별 생산 방식을 취한다. 궁극적인 다품종 소량 생산이다.

게다가 반도체 제조 장치 메이커에 부품을 납품하는 업체도 매우 다양하다. 그리고 그 업체에게 특별 주문한 부품을 납품하는 업체가 존재하고, 그 부품을 만들기 위한 재료를 납품하는 업체도 존재한다.

말하자면 여러 계층과 다양한 업종을 아우르는 거대한 네트워크가 형성되어 있다.

더 구체적으로 살펴보자. 반도체 제조 장치는 웨이퍼를 운반하고 회전시키고 액체를 뿌리고 기체를 분사하는 등 여러 가지 가공을 한다. 대기 속에서 처리하기도 하고, 진공 상태에서 처리하기도 한다. 그래서 액체나 기체의 배관, 전력이나 제어를 위한 배선이 장치 안에 종횡무진으로 얽히고설켜 있다. 또 처리된 액체나 기체를 회수하는 하수(下水) 기능도 있다. 우리들이 사는 집도 물이나 가스나 전기가 외부에서 공급되고 여러 기기에서 소비되어 하수 등으로 흘러나간다. 반도체 제조 장치란 그야말로 집의 기능을 극한까지 미세화한 것이라고도 할 수 있다.

그리고 장치에 공급되는 전기나 액체, 기체는 이것을 사용하는 공장의 형태에 따라 공급하는 형태가 달라져야 한다.

이렇게 복잡한 시스템을 유저의 상황에 맞춰 만들기 때문에 메이커는 유저와 항상 대화를 나누며 조정을 하고, 서로 도움을 주며 도전을 이어 나가 진화를 이루고 있다.

정말이지 숲의 생태계 같다.

반도체에 쓰이는 소재도 마찬가지다.

반도체 소재는 제조 장치마다 특성이 달라서 세밀한 조합이 필요하다. 그러니까 반도체 소재도 궁극적인 다품종 소량 생산이며, 테일러메이드의 특별 주문품이라고 할 수 있겠다.

예컨대, 반도체 소재를 제조할 때는 온도가 중요한 열쇠다. 제조 온도가 높을수록 화학 반응이 빨라져 단시간에 제조할 수 있지만, 제조 온도가 높아지면 재료 구조에 불균형이 생겨 수율이 나빠진다.

소재 메이커는 재료에게 기대되는 그대로의 성능을 발현할 수 있도록 권장하는 공정 조건을 유저에게 제시한다. 그러나 유저가 동일 조건으로 취급하는 경우는 드물기 때문에 불량이 발생할 때가 많다. 여기부터 승부처인데, 소재 메이커는 보유하는 데이터베이스를 바탕으로 단기간에 고객에게 최적의 공정 조건을 제시한다.

또한 소재 산업에도 깊고 광대한 네트워크가 형성되어 있다. 화학 공장에는 재료, 기계, 전기 분야에서 다양한 업자가 관계하고 있고, 또한 그 업체를 도와주는 네트워크가 그 아래에 여러 층 형성되어 있다.

예를 들어, 반도체는 패키징을 필요로 하며 전자 재료 메이커가 패키징을 할 때 필요한 열팽창이 적은 보강 섬유, 기판, 봉지재(封止材) 등 특별한 재료를 제공한다. 그밖에도 표면 처리제, 반응 촉진제, 산화 방지제 등 전자 재료용 소재는 특수한 가공이 필요하기 때문에 소재 메이커는 일반 그레이드와 구분한 전자 재료 그레이드 소재를 특별히 제조, 판매한다.

일본에 있는 이런 산업의 에코 시스템을 해외에 만들고자 검토했지만 좌절되었다는 이야기를 소재 메이커 경영자에게 전해들은 적이 있다. 소재 메이커를 받쳐주는 중소기업의 네트워크를 송두리째 해외로 이식하기란 무척 어려운 일이다.

우리는 거목에 눈을 빼앗기기 십상이다. 언론도 대기업의 흥망성쇠에 주목한다. 하지만 대기업을 받쳐주는 비옥한 토양, 그러니까 산업 생태계가 만들어 놓은 네트워크가 힘을 발휘할 때 산업이 강해진다. 일본이 반도체 제조 장치와 소재가 강하다고 하는 이유가 바로 여기에 있다.

TSMC는 불모지(그린 필드)에 공장을 세우지 않는다. 브라운 필드, 그러니까 산업 생태계가 풍부한 토양에만 공장을 세운다. 구마모토에는 그것이 있다. 일본의 산업 에코 시스템은 풍요롭다. 비록 거목의 디바이스 메이커가 쓰러졌다 하더라도 토양이 비옥하다면 숲을 재생할 수 있다. 반대로 비옥하지 않은 토지에 나무를 심는다 해도 숲은 생기지 않는다.

거목인 대기업을 옮길 수는 있어도, 거목을 떠받치는 토양 자체를 옮길 수는 없다. 나무만 보고 숲을 보지 않으면 안 된다. 그렇게 생각하던 차에 TV에서 《NHK 스페셜 초진화론》(2022년 11월 6일 방영)을 봤다.

그리고 무릎을 탁 쳤다.

03

초진화론

—다양성을 키우는 구조

생존에 유리한 것이 살아남아 자손을 남긴다. 결국 이 세상은 경쟁이다. 약자는 살아남지 못한다.

자연계의 법칙에 대해 다윈이 제창한 진화론부터 160년 이상이 흘렀다. 최첨단 과학은 생물들의 숨겨진 진화의 구조를 밝혀내려 하고 있다. 그것은 경쟁뿐 아니라 서로 지탱해 주고 협력하는 법칙이다.

화려하고도 싱그럽게 지구를 뒤덮는 식물들. 육상에 있는 생물의 총 중량(470기가톤) 중에 95.5%가 식물이다. 압도적인 볼륨을 자랑하는 식물이 경이적인 진화를 이룰 수 있는 큰 전환점이 있었다.

5억 년 전의 지구. 육지는 불모의 땅이었다. 4억 5천만 년 전, 식물의 조상이 바다에서 육지로 올라왔고 이후 4억 년 정도 전에 육상을 뒤덮었다. 하지만 당시 식물에는 아직 '어떤 것'이 존재하지 않았다.

제1장에서 했던 문제 제기를 다시 생각해 보자.

공룡이 있던 백악기(1억 4,500만 년 전~6,600만 년 전)에 그 '어떤 것'이 탄생했고, 지구를 뒤집어 놓은 대혁명을 일으켰다. 육상 생물의 종의 수가 극적으로 증가한 것이다. 백악기 전에는 종의 수가 현재의 1/10 정도였다고 추측된다. 하지만 백악기를 경계로 생물의 종류가 폭발적으로 늘어났다.

대혁명을 일으킨 식물의 '어떤 것'이란…….

바로 꽃이다.

꽃은 꽃가루를 써서 스스로 곤충이 다가올 수 있도록 했다. 그리고 꽃가루를 주는 대신 옮기게 했다. 그러니까 '공생' 관계가 생긴 것이다.

식물은 육지에 올라온 이후 3억 5,000만 년이나 계속 일방적으로 곤충에게 먹혀 왔다. 하지만 꽃이 생기면서 해를 끼치는 곤충을 오히려 이용한다는 대전환이 일어났다. 이를 계기로 생물들의 진화가 단숨에 가속했다.

어떤 식물이 특수한 형태로 진화하면, 곤충도 그에 맞춰 모양을 바꿨다. 게다가 어떤 식물은 곤충이 다른 식물로 가버리지 않도록 뚜렷한 빛깔을 겨루었다. 그리고 곤충은 꽃에 안정적으로 날아갈 수 있는 비행 능력을 획득했다.

서로가 서로를 진화시키는 '공진화(共進化)'가 일어난 것이다. 이렇게 숲이 우거지고 꽃에 모여드는 곤충을 잡아먹는 포유류가 다양해졌다. 그리고 꽃에서 생기는 과실로 영장류가 진화했다. 여기서 나의 상상이 펼쳐진다. 머지않아 꽃은 새로운 능력을 익혔다. 세대 교체의 스피드 업이다. 수분에서 수정까지 필요한 시간을 1년에서 몇 시간으로 줄였다. 이것이 모든 생물의 진화를 가속시켰다.

$$y=a(1+r)^n$$

이것은 복리 계산식이다. r이 이율이고 n이 운용 횟수. 원금인 a가 작아도 길게 운용하면 미래 가치가 커진다. n을 1/t로 치환하면, 디지털 경제의 기본식이 된다. t는 개발의 사이클 타임이다. 이 식은 칩의 성능 향상이나 회사의 성장에도 적용할 수 있다.

바꿔 말하면, 고속 사이클로 여러 번 개량을 반복하는 것이 디지털 경제의 성장 전략이다. 개선율(r)보다 개량 횟수(n)를 늘리는 것, 다시 말해 개발의 사이클 타임(t)을 짧게 줄이는 것이 중요하다.

그래서 애자일인 것이다.

다시 돌아가 보자. 꽃이나 그곳에 모이는 곤충을 먹는 포유류가 다양해졌다. 그리고 꽃에서 생기는 영양소가 풍부한 과실은 우리의 조상인 영장류의 진화도 가속시켰다.

꽃이 없었다면 선명하고 생명이 넘치는 지금의 지구는 존재하지 않았을지도 모른다.

식물이 수억 년을 걸쳐 쌓아 올린 또 다른 세계가 숲의 지하에 있다. 식물의 뿌리 끝에 균사라 불리는 가느다란 실 모양의 균이 붙어 있다. 균사는 뿌리 주위뿐만 아니라 뿌리의 내부까지 들어가 일체화하면서 흙 속에 촘촘히 퍼져 있다. 숲속 식물은 이 균과 이어져서 같이 살고 있다.

식물은 질소나 인 등의 영양을 뿌리에서 얻는다. 하지만 뿌리는 그렇게 할 능력을 충분히 갖고 있지 않다. 대부분의 영양은 균이 흙에서 흡수하여 식물로 보내준다. 그 대신, 식물은 광합성으로 얻은 양분을 균에게 나눠주기 때문에 끊으려야 끊을 수 없는 관계가 만들어져 있다.

균은 적어도 수십 미터는 성장하고, 균과 균이 서로 이어져서 숲속의 나무들을 연결하고 있다. 나무와 나무를 잇는 지하에 있는 균사의 거대한 네트워크는 깜짝 놀랄 만한 작용을 한다. 즉, 광합성으로 만들어진 영양분은 뿌리로 운반되고, 균사를 통해 다른 나무의 뿌리로도 운반된다. 이런 방식으로 햇빛을 받지 못하는 다른 나무에 영양분이 전달된다. 균사 네트워크는 광합성을 하지 못해 곧 죽을 것 같은 나무에게 건강한 나무에서 받은 영양분을 보내주는 역할을 한다. 그야말로 약자를 돕는 네트워크다.

큰 나무들 아래 햇빛이 닿지 않는 작은 나무는 어떻게 성장할까?

거목의 숲에서 새로 태어난 어린나무는 그대로 두면 어두운 그늘에서 수십 년, 수백 년 동안 버텨내야 한다. 하지만 그 사이에 어린나무는 지하의 네트워크를 통해 살아가는 데 필요한 양분을 얻을 수 있다. 어두운 숲의 그늘에서 연약한 어린 생명은 조금씩 성장을 이룰 수 있는 것이다.

또한 상록수와 낙엽수 사이에도 쌍방향으로 양분을 주고받는다. 여름에 광합성을 활발히 하는 낙엽수는 가까이에 있는 상록수에 양분을 나눠준다. 가을이 되면 이번에는 상록수가 잎을 잃은 낙엽수에 양분을 보낸다. 마치 혹독한 계절을 함께 견뎌내기 위해 서로 돕는 것처럼 말이다.

식물은 옆에 있는 식물과 경쟁하면서 서로 빛과 영양분을 빼앗는다고 알고 있었다. 그러니까 경쟁하고 있다고 추측해 왔다. 그런데 실제로는 전혀 달랐다. 오히려 그들은 네트워크를 만들고 강한 협력 관계를 쌓음으로써 안정된 생태계를 만들었던 것이다.

숲의 지하에 펼쳐지는 협동의 세계, 그것이야말로 지구를 뒤덮는 육지의 왕자인 식물이 소중하게 지켜온 생존법이었다. 경쟁하는 것보다는 서로 도와야 생명을 이어갈 수 있다. 지금 이 지구상에는 그런 생물들로 흘러넘치고 있다.

일본의 반도체 산업은 숲을 가꾸는 데 힘을 기울여 왔다. 그것이 지금 세계에서 평가받고 있다. 경쟁에 더해 공생과 공진화를 만들어낸 산업계의 생태계. 일본의 문화와 사회 속에서 양성된 이 생태계가 국제적인 협력 속에서 다시 살아나려 하고 있다.

TSMC 신공장의 구마모토현 유치와 더불어 다양한 투자가 수반되고 있다. TSMC의 제조를 지원하는 일본의 소재와 제조 장치의 산업 생태계. 거목의 출현으로 지하 네트워크에 활기가 되살아난다. 그리고 미일 연계로 태어난 라피더스. 미세 세계를 추구하기 위한 새로운 소재 탐구와 제조 장치의 연구 개발이 활발해지고 있다.

모듈(Module)을 조합해서 대규모 시스템을 구축하는 것이 특기인 미국과 대만. 한편으로 섬세한 조율(Tuning) 작업을 거쳐 고객의 다양한 요구에 정성스레 답하는 통합형(Integral) 제품이 특기인 일본. 국제 연계를 통해 양자의 강점이 발휘된다. 일본이 세계에 공헌하고 세계와 함께 진화해 가는 새로운 시대가 시작되고 있다. 이 시대의 키워드는 국제 연계, 국제 두뇌 순환, 네트워크, 공생, 공진화이다.

다양한 디바이스를 하나의 패키지에 3D로 집적하는 시대. 우리는 패키지 속에 어떤 숲을 만들고자 하는 것일까?

04

싹이 트다
—다음 세대로

2022년 12월 19일 아침, 시부야.

개미집처럼 복잡한 지하 통로. 표식을 길잡이 삼아 나갔더니 목적지인 고층 빌딩에 도착했다. 23층 회의실. 창밖으로 시부야 거리가 훤히 내려다보인다. 학생 시절에는 구석구석까지 알았던 거리가 지금은 완전히 달라졌다.

구글과 도쿄대 d.lab이 공동으로 개최하는 '제2회 반도체 회로 설계 핸즈온 세미나'에 학생 55명이 모였다. 천문 물리학을 연구하는 박사 과정 1년차 학생에게 참가한 이유를 물었다.

"방대한 데이터 처리에 슈퍼컴퓨터를 쓰고 있어요. 고성능 계산

리소스는 얼마든지 필요하죠."

고마바 캠퍼스 교양 과정을 듣는 2학년도 몇 명 참가했다. 여학생에게 물었더니, 다음과 같은 답변이 돌아왔다.

"혼고에 갔더니 양자 컴퓨터가 배우고 싶어지지 뭐예요. 그 전에 고전적인 컴퓨터 구조를 알고 싶어서 참가했어요."

의학계 연구과 학생이나 경제학부 학생, 학제 정보학부 학생들도 참가 신청서를 냈다. 기존 커리큘럼이었다면 먼저 전자회로를 배우고 반도체 디바이스나 집적회로를 배운 후에 대학교 4학년이나 대학원 1학년생들이 칩 설계 연습을 했을 것이다. 하지만 오늘 모인 학생들은 그런 전제 지식을 갖추지 않았다. 하지만 그들은 강한 호기심을 가지고 있었다. PC를 사용할 줄 알고 프로그램을 작성할 수 있으면 누구든 워크숍에 참가할 수 있다. 그리고 흥미가 생겼다면 전자회로나 집적회로를 배우면 된다.

고등학교 학생들도 참가할 수 있는 프로그램으로 만들자. 전국적인 콘테스트 대회를 열자. 아이디어가 승부다. 반도체를 누구나 쓸 수 있는 도구로 만들자.

참가자들이 줄을 지어 칩을 바라보고 있다. 그 눈빛은 호기심으로 가득 차 있다. 내 안에 자신감이 부글부글 끓어오른다.

반도체를 초진화시키는 '꽃'은 무엇인가?

그걸 찾는 여행이 시작된다.

【column】

imec이 강한 이유

imec은 반도체에 관한 연구를 하는 독립된 국제기관이다. 수평적 분업 체제에서 제조를 담당하는 선두주자가 TSMC라면, imec는 연구에서 선두주자다. 벨기에 왕국의 루벤 시에 본부를 두고, 90개 이상의 나라와 지역의 연구자 5,000명을 고용했다.

대학이 아니라서 학위를 수여할 수는 없다. 그런데도 imec이 박사과정에 있는 800명의 학생을 거느릴 수 있는 이유는 imec이 세계 최첨단의 시제품 라인과 평가 장치를 제공하기 때문이다. 덧붙여서 생활비, 주거비, 의료 보험, 편도 여행비도 imec이 부담한다.

imec에서 샘플을 만들고 평가된 기술은 평가 결과를 달고 세계로 퍼져나간다. 그래서 550여 개 기업이 거액의 공동 연구비를 투자해 제일선에 있는 연구자를 imec으로 보내는 것이다.

총수입 4.2억 유로(약 600억 엔). 그중 80%는 해외 기업으로부터의 수입이다. 참가 기업은 스폰서이긴 하지만, imec의 매니지먼트에는 참여할 수 없다. 대신 imec의 간부가 각사를 돌며 요구 사항을 듣고 유연하면서도 재빠르게 대응한다.

즉, 우수한 연구 생태계를 갖추고 세계의 두뇌를 끌어들이고 기업 투자를 유치한다. 중립을 지키면서도 고객의 요구에 유연하게 대응하고, 글로벌 인재로 이루어진 집단이 재빠르게 과제를 해결한다. 그러면 또 투자가 모여 사람과 장치에 재투자할 수 있다. 이런 식으로 성장의 순환이 생겨난다.

'공생'과 '공진화'로 이노베이션을 일으키는 '연구의 숲'이다.

imec의 강점은 어디에서 오는 것인가?

그 답을 알기 위해서는 벨기에를 이해할 필요가 있다. 벨기에는 유럽의 십자로에 우뚝 선 작은 나라다. 독일, 프랑스, 스페인, 오스트리아, 네덜란드 등 큰 나라의 지배와 압력을 반복해서 받았다. 그리고 벨기에 자체도 네덜란드어권인 플랑드르 지방과 프랑스어권인

왈롱 지방으로 사회가 나뉘어 있다.

따라서 벨기에는 중립을 원한다. 때로는 이웃 나라에 고분고분한 모습을 보이는 것에도 거리낌이 없다. EU(유럽연합)의 본부가 브뤼셀에 설치되어 있는 것도 중용 정신이 있기 때문일 것이다.

벨기에의 아카데미아 중심은 루벤 가톨릭대학(KUL)이다. 1425년에 설립되어, 현존하는 가톨릭계 대학에서는 가장 오래되었다고 한다. 이 대학에서 마이크로 일렉트로닉스를 배운 로저 반 오버스트래튼(Roger Van Overstraeten)은 스탠퍼드대학에서 박사 학위를 취득한 후, 1968년에 KUL의 교수가 되어 이듬해 벨기에에서 최초로 클린룸을 만들었다.

대학에서는 작은 클린룸밖에 가질 수 없다. 그럴싸한 클린룸을 만들려면 여러 대학이 공동으로 이용하는 수밖에 없다. 그는 그렇게 생각했다. 1982년에 플랑드르 주 정부는 마이크로 일렉트로닉스 산업을 강화하기 위한 포괄적인 프로그램을 만들고, 그것을 바탕으로 1984년에 비영리 조직인 imec(Interuniversity Micro-electronics Centre)을 설립했다. 그리고 초대 소장으로 반 오버스트래튼 교수가 취임했다.

imec의 설립 취지서에는 '마이크로 일렉트로닉스, 나노 테크놀로지, 정보통신 시스템 설계법과 설계 기술은 산업계가 필요로 하는 시기보다 3년에서 10년 앞서가는 연구 개발을 할 것'이라고 기재되어 있다. 이렇게 imec은 대학 공동 이용의 마이크로 일렉트로닉스 연구소로서 대학의 연구자를 중심으로 한 70명 정도의 소인원으로 시작했다.

1999년에 그의 생전의 뜻을 이어 길버트 데크릭(Gilbert Declerck) 교수가 제2대 소장으로 취임하면서 imec에 전환기가 찾아왔다.

그는 연구를 사업화하자고 생각했다.

주위에서는 이 대전환을 두고 상당히 불만을 터뜨렸다고 한다.

하지만 imec은 이를 계기로 크게 성장했다. 데크릭은 일본 조치대학에서 공부를 했으며, 일본 기업과도 친밀한 관계였다. 또한 같은 플랑드르 지방의 아인트호벤에 네덜란드의 회사 필립스가 있었던 것도 좋은 영향을 미쳐서 필립스와 거래했던 해외 기업과 연계가 시작됐다.

네덜란드의 노광 장치 메이커인 ASML은 필립스의 반도체 부문(현재의 NXP 세미컨덕터)과 ASM 인터내셔널이 출자해서 만든 합작 회사다. imec과 마찬가지로 1984년에 설립되었다.

발족 당시 ASML은 선행하는 니콘이나 캐논에 점유율에서 크게 뒤지고 있었다. 일본 기업이 자전주의(自前主義)로 돌진하는 반면, ASML은 imec으로 다양한 메이커와 협업하여 개발을 가속했다. 예를 들어 개발 초기의 노광 장치를 imec의 시제품 라인에서 반도체 디바이스 메이커가 사용하도록 하여 많은 피드백을 얻었다.

imec에 모이는 전 세계의 반도체 디바이스 메이커와 연계함으로써 유저가 사용하기 쉬운 플랫폼을 한발 앞서 완성시킨 것이 오늘날 ASML의 성공으로 이어졌다.

2009년에 imec의 CEO로 취임한 루크 반 덴 호브(Luc Van den Hove) 교수가 리소그래피 전문이었던 것도 ASML의 EUV 노광 장치를 개발하고 성공으로 이어지는 데 한몫했을 것이다.

imec이 전 세계의 지지를 얻을 수 있었던 이유는 연구 개발을 사업과 직결시키겠다는 방침 때문이다. 흔히 연구소는 남들이 하지 않는 분야에서 최초의 연구 성과물을 얻으려고 하지만 이곳은 반대로 가장 먼저 하지 않는다. 억지로 리더십을 취하는 것이 아니라 사람들과 잘 어울리고 적을 만들지 않으면서 실력을 축적해 나가다가 어느새 세계 정상에 서 있는 것이다. 사업에서 쓸 수 있는 전략과 같다.

그리고 imec의 매력을 한마디로 말하자면 고객 지향이다.

imec은 중립의 입장을 고수한다. imec은 세계에서 투자금을 모아 정부의 보조금 비율을 점점 낮추고, 나아가 운영 면에서는 스폰서 기업에게 휘둘리지 않으며 중립성과 독립성을 높여 왔다.

계약이나 연구 테마를 설정하는 데는 유연하며 융통성이 있다. 직접 만나서 간절히 요청하면 규칙이 있더라도 여러 가지 양보도 해준다. 그 부분이 신뢰 관계 구축으로 이어진다.

물론 대형 유력 기업을 우선하겠지만, 주도권 획득을 노리는 회사나 중소기업에 대해서도 문전박대하지 않고 유연하게 대응한다. 아무도 예상하지 못했던 기술이 장래에 큰 싹을 틔울 가능성은 충분히 있기 때문에 이런 방침은 이치에 맞다.

"imec은 왜 도쿄대학의 d.lab과 제휴를 하죠?"

일본 매체에게 그런 질문을 받은 CEO 루크 반 덴 호브는 이렇게 대답했다.

"그들은 우리와 다른 아이디어를 갖고 있으니까요."

다양성을 중시하는 자세를 엿볼 수 있다.

아카데미아와 연계를 추진하는 부사장 조 데 벡(Jo De Boeck)은 자성체(磁性体) 전문가다. 도쿄의 네즈라는 곳에 있는 오래된 가게에서 우동을 먹으며 양국의 문화에 대해 밤새워 이야기한 적이 있다.

대체로 두 나라의 국민은 닮은 점이 많다.

맺음말

반도체 민주주의와 반도체 전쟁은 동전의 앞면과 뒷면이다. 나는 이 책에서 반도체 민주주의를 그리고 싶었다.

19세기에 비스마르크가 '철은 국가이다'라는 연설을 했다. 철은 근대 도시를 만들고 병기를 만들었다. 현대에는 반도체 기술의 패권을 두고 싸움이 벌어진다. '반도체가 국가'인 것이다. 반도체가 무엇을 만들어내고 무엇을 파괴하는가. 우리의 창조력과 지혜가 시험대에 놓인다.

칩 제조회사는 차세대 칩 생산을 둘러싸고 치열한 전쟁을 펼치고 있다. 하지만 이제 한 기업이나 국가에서는 다 끌어안을 수 없을 정도로 반도체는 거대한 기술 집적체가 되고 있다. 앞으로는 인류의 공유 재산으로서 생각해야 할 것이다.

반도체 전쟁을 부추기는 것이 아니라, 칩 네트워크를 구축해야 한다. 기술은 점점 복잡해진다. 나무만 보는 게 아니라 숲을 보아야 한다. 숲을 키우는 것, 그러니까 풍요로운 산업 생태계를 만드는 것이

앞으로 전 세계에 주어진 과제다.

그것을 염두에 두고 힌트가 된 것이 식물이다.

선명하고 싱싱하게 지구를 뒤덮는 식물. 오늘날 지구를 만들어낸 대혁명은 식물이 '꽃'을 피워 일으킨 것이다. 꽃과 곤충 사이에 '공생' 관계가 생겨나고, 서로가 서로를 진화시키는 '공진화(共進化)'가 일어났다. 꽃의 탄생을 계기로 생물들의 진화가 한꺼번에 빨라졌다.

다윈이 제창한 진화론에서는 생존에 유리한 자가 살아남아 자손을 남긴다고 했다. 결국에 이 세상은 경쟁이다. 하지만 최신 과학에서 밝혀지고 있는 생물들의 숨은 진화 구조는 경쟁할 뿐만 아니라 서로 돕고 협력한다는 것이다. 즉 '초진화론'이다.

'반도체의 숲'을 비옥하게 만들기 위해서는 '꽃'을 찾아내는 것이 중요하다. 그렇게 생각하며 이 책에서는 '반도체의 초진화론'을 해설했다.

먼저 고성능 반도체를 어떻게 제조하는지 More Moore과 More than Moore의 관점에서 설명했다. 다음으로 고성능 반도체로 무엇을 만들어낼지를 이노베이션의 관점, 그러니까 More People의 관점에서 생각했다.

반도체 경쟁의 시대에서 공생·공진화 시대로 나가기 위해 반도체의 '꽃'을 발견할 수 있을까? 반도체가 인류의 공유 재산이 되려면 돈이나 무어의 법칙 이상의 것이 필요하다.

그것은 많은 사람을 끌어당기는 것.

More People이다.

이 책을 출판하면서 닛케이 BP의 호리구치 유스케 씨에게 적잖이 신세를 졌다. 그리고 퇴고할 때 동료인 곤도 쇼고 씨에게도 도움을 받았다. 진심으로 감사의 말씀을 드린다.

2023년 3월

구로다 다다히로

역자 후기

일본 교토대학교에서 박사과정과 교원으로 7년간의 유학 생활을 마치고 한국에 귀국한지 이제 19년째가 되어간다. 2021년 3월 현대자동차를 그만두기 전까지 기아자동차, LG전자, 현대자동차라는 한국을 대표하는 제조업에 근무하면서 나름의 역할을 했다. 그리고 한국 제조업의 발전을 위한 일환으로 일본 서적을 번역 소개하는 작업을 해왔다. 『모노즈쿠리』, 『도요타 제품개발의 비밀』, 『모듈러 설계』 등의 번역서는 내 나름의 애국심(愛國心)의 산물이기도 하고 번역을 통한 학습(Learning by Translating)이기도 했다.

이번에 번역 소개하는 『반도체 초진화론』은 도쿄대학교 전기전자공학과의 구로다 다다히로 교수가 집필한 책이다. 일본의 반도체 산업은 패망이라고 할 정도로 침체를 겪었다. 반대로 일본 반도체 산업의 패망사는 한국 반도체 산업의 발전사이기도 했다. 하지만 그동안 지배해 오던 반도체 산업의 패러다임이 바뀌고 있다. 일본 반도체의 최고 전문가인 구로다 교수는 이런 변화 속에서 일본 반도체 산업의 부흥을 모색하고 있다.

최근 반도체 공정의 미세화가 힘들어지고 인공지능의 발전으로 인해 반도체가 다양해지고 미중간의 갈등으로 지정학적 변화가 일어나고 있다. 일본 정부는 이런 변화를 일본 반도체 산업을 부흥시킬 절호의 찬스라고 생각하고 있다. 구로다 교수는 일본 정부와 공동으로 일본 반도체 산업의 부흥을 위해 노력하고 있는 대표적인 인물이다. 이런 인물이 생각하는 반도체 산업의 미래를 정확하게 파악하는 것은 미래의 한국 반도체 산업 전략을 세우는 데 무척 중요할 것이라 생각하여 번역하기로 하였고 마침 북스힐 조승식 대표님이 이런 생각에 동의해 주셔서 번역 작업을 할 수 있었다.

지금 반도체 산업에서 일어나고 있는 변화의 파도는 쓰나미라고 불러도 좋을 정도로 우리의 상상을 초월한다. 인공지능 반도체의 등장, 무어 법칙의 한계, 반도체 패키징의 중요성, 반도체의 다양화 등 그동안 한국 반도체 산업의 성공 방정식과 다소 거리가 먼 변화가 일어나고 있다. 특히 2019년 대만의 반도체메이커인 TSMC는 도쿄대학의 연구소를 지원하고, 일본 정부와 구마모토에 반도체 공장 건설에 합의했다. 그리고 미국 IBM은 2나노 공정의 반도체 기술을 일본에 제공하겠다고 먼저 의사를 타진했고, 일본 정부는 이에 대한 화답으로 라피더스(Rapidus)라는 반도체 회사를 설립한다.

반도체가 경제에 얼마나 중요한지는 2, 3년 전 반도체 부족 현상으로 자동차 공장이 멈춰서는 것을 모두 지켜보면서 절감했다. 예전 자동차는 전통적인 기계 산업이었다. 자동차 업체는 말처럼 황소처럼 달리는 차량, 근육질의 차량을 자랑했다. 이후 전기/전자(E/E) 산업의 발전으로 자동차의 기계 부품에 마이크로 칩을 장착하여 기계의 미세한 움직임을 제어하기 시작했다. 마치 근육을 조절하는 일종의 자율신경계인 것이다. 최근 자동차에는 사람 두뇌에 해당하는 고성능 컴퓨터가 장착되고 있다. 테슬라 차량에는 36 TOPS인 반도체가 2개 장착되어 있다. 여기서 TOPS는 반도체의 연산 속도를 나타내는 단어로 1TOPS는 1초에 1조(10^{12})번의 연산을 의미한다. 앞으로 자동차 산업과 반도체 산업 간의 커플링(Coupling)은 더욱 심화될 것이다.

구로다 교수는 일본의 입장에서 일본 반도체 산업을 어떻게 부활시킬 것인가에 집중하면서 책을 썼다. 일본 최고의 반도체 전문가다운 인사이트가 이 책에 고스란히 담겨 있다. 이 책을 통해 한국 반도체 산업의 미래를 생각하고 새로운 전략을 입안하는데 조금이라도 도움이 될 수 있기를 간절히 바란다.

마지막으로 초벌 번역을 해주신 김소영님에게 감사드린다. 덕분에 책의 내용에 더욱 집중하면서 번역 작업을 진행할 수 있었다. 그리고 오랜 친우(親友)이자 앰코테크놀로지에서 일평생 반도체 연구를 진행했으며, 이 책의 진가를 알아보고 번역 작업에도 많은 도움을 준 김진영 박사에게도 감사의 뜻을 전한다.

2024년 3월

박정규(朴 正圭)

KAIST 기술경영전문대학원 겸직교수

더 알고 싶은 사람을 위한 심층 해설

1. 일양내복 一陽來復 [Prologue]

1 디지털화나 수평 분업의 지연 등 전략에 관한 요인

수직 통합이란 제품 개발부터 생산, 판매에 이르기까지, 즉 상류에서 하류까지 모든 과정을 한 회사에서 통합한 비즈니스 모델이다. 반면 수평 분업이란 제품의 핵이 되는 부분은 자사에서 만들고, 그 이외의 부분을 외부 위탁하는 비즈니스 모델이다. 어느 쪽이 더 뛰어날까?

반도체 사업은 원래 수직 통합이었다. 설계와 제조를 통합한 최적화가 요구되기 때문이다. 그러나 1980년대에 전용 로직 반도체 ASIC이 탄생하고, 설계와 제조 인터페이스인 EDA(Electronic Design Automation, 자동 설계 툴)와 PDK(Process Design Kit,제조 기술 모델)가 정비되면서 수평 분업이 가능해졌다. 공장 건설에 필요한 자본이 증대하는 가운데, 제조를 수탁하는 전업 파운드리인 TSMC가 1987년에 창업했다. 고객과의 경쟁을 배제하고 신뢰를 얻은 TSMC는 성공 요인을 '적절한 시기에 적절한 장소에 적절한 사업 모델로 존재했기 때문이다.'(「월 스트리트 저널」 2021년 6월 19일자)라고 설명한다.

메모리 등 범용 반도체는 지금도 수직 통합이다. 또한 로직 반도체도 근래에 미세화가 어려워져 트랜지스터의 구조가 FinFET이나 GAA로 크게 변혁되면서 설계와 제조의 공동 최적화(Design-Technology Co-Optimization, DTCO)가 강하게 요구되고 있다. 비유하자면 하얀 캔버스(공장)에 자유롭게 그림(설계)을 그리지 못하게 되었기 때문에 그림(설계)에 맞는 캔버스(공장)를 준비해야 하는 것이다. 결국 제조 라인을 구축하는 것은 고객과의 공동 작업이 된다. 소수의 거물급 고객만이 이렇게 공동 작업을 할 수 있다면 공장 경영의 리스크가 높아진다. 사업 모델에는 항상 수정이 필요하다.

2 반도체가 디지털화, 탄소 중립, 그리고 경제 안전 보장 확보 등을 뒷받침하는 핵심 테크놀로지라는 것은 말할 필요도 없을 것입니다.

반도체는 도체와 절연체의 중간적 성질을 가진 물질이므로 전류를 제어할 수 있다. 1947년에 반도체 소자인 트랜지스터(transistor)가 발명되었다. 입력과 출력 사이에서 저항(resistor)을 전송(transfer)한다고 해서 지어진 이름이다. 제어를 꼼꼼하게 하면 신호 증폭에 이용할 수 있고, 온/오프에 사용하면 스위치가 된다. 반도체 스위치를 대규모로 집적한 것이 로직 칩이다.

반도체가 있기 전에는 진공관이 전자 회로에 이용되었다. 진공관은 전극을 가열하여 전자를 공간으로 방출하고 그 흐름을 제어하기 때문에 전극이 점점 가늘어지다가 이윽고 전구처럼 끊어진다. 반도체 칩의 제조에는 많은 업체가 관여하고 수개월의 시간이 소요된다. 반도체 부족이 발생하는 것은 교통 체증이 발생했을 때 자동차가 갑자기 출발과 정지를 할 수 없는 것과 비슷하다. 반도체 생산 라인이 만들어야 할 것으로 꽉 차 있었기에 수요 변화에 대응할 수 없었다. 반도체는 전기를 사용하는 온갖 제품에 이용된다. 예를 들어 자동차에 값싼 와이퍼 제어용 반도체 하나만 없어도 자동차는 완성되지 않는다. 반도체 공급이 정체되면 경제에 큰 영향을 끼친다. 반도체가 경제 안전 보장상 전략 물자라 불리는 이유 중 하나다.

3 지방의 활성화로도 이어지는 이러한 투자를 더 확실히 밀어주기 위해, 지난번 보정 예산에서 1조 3,000억 엔을 확보했습니다.

반도체 산업에 대한 투자 경쟁이 가열되고 있다. 미국에서는 5년 동안 527억 달러(약 7.1조 엔)의 보조금을 투자하는 법안이 통과되었다. 중국 정부는 5년 동안 1조 위안(약 19조 엔)이 넘는 대책을 발표했다. EU도 2030년까지 430억 유로(약 5.7조 엔)를 투자하는 법안을 공표했다. 일본에서는 반도체 관련해 2021년도에는 7,700억 엔, 2022년도에는 1조 3,000억 엔 정도를 경제 산업성에서 보정 예산으로 책정했다.

이 책에서 언급한 것처럼, 반도체 개발에는 지속적인 투자가 필요하다. 일본 정부도 반도체 사업을 지속적으로 지원하기 위한 방안을 검토하고 있다. 경제안전보장추진법에 기초한 방안과, 재원 마련을 위한 공채(公債) 지원 방안(가칭 GX 〈그린 트랜스포메이션〉 경제 이행채)이 바로 그것이다.

경제안전보장추진법이 2022년 5월에 국회에서 통과되어 특정 중요 물자의 안정 공급 확보에 관한 기본 방침이 정해졌다. 반도체도 특정 중요 물자 중 하나다. 민간 사업자는 특정 중요 물자 등의 안전 공급을 위한 계획을 작성하고 관계 부문의 장관이 인정함으로써 지원을 받을 수 있다.

일본 정부는 2050년 탄소 중립에 수반하는 녹색 성장 전략으로서 화석 연료 중심의 경제 사회 산업 구조를 그린 에너지 중심으로 전환시킨다. 그리고 경제 사회 시스템 전체를 변혁하는 GX를 실행하기 위해 2022년 7월에 내각관방(한국의 국무조정실 또는 대통령 비서실-역주)에서 GX 실행 회의를 설립했다. 반도체는 전략 물자로서도 녹색 성장을 진행하는 물자로서도 기대를 받고 있다.

4 그리고 유럽의 imec과도 협력하여 2020년대 후반에는 양산 체계를 확립하려고 합니다.

imec은 반도체에 관한 세계 최첨단 연구 기관이다. 2,700명의 연구자를 고용하고 있고 800명의 박사 과정 학생을 거느리고 있다. 학위를 수여하지 않는데도 학생이 모이는 이유는 최첨단 시제품 라인과 평가 장치를 연구자에게 제공하기 때문이다. 같은 지역의 루벤 가톨릭대학을 비롯하여 세계의 연구자와 학생을 끌어들이고 있다.

imec에서 샘플을 만들고 평가된 기술은 평가 결과를 달고 세계로 퍼져나간다. 그래서 550개 회사에 이르는 기업이 거액의 공동 연구비를 내고 제일선에 있는 연구자를 imec에 파견한다. 총수입 4.2억 유로의 80%는 해외 기업에서 발생한다. 이 수입을 다시 인재와 장비에 투자한다.

이익 대표인 컨소시엄의 멤버는 매니지먼트에 참여하지 못한다. 대신 imec의 간부가 각사를 돌며 요구 사항을 듣고, 그들의 요구에 유연하면서도 재빠르게 대응한다. 그렇게 시장의 수요를 모으고, 그것을 글로벌 인재로 이루어진 집단이 실행에 옮긴다. 즉, 풍요로운 생태계를 갖추고 세계의 두뇌를 끌어 모아 '공생'과 '공진화'로 이노베이션을 일으키고 있다.(제6장 칼럼 〈imec이 강한 이유〉 참조)

5 데이터 구동형 사회 Society 5.0을 창출하려면 고도의 컴퓨팅 기술이 요구됩니다.

내각부의 '제5기 과학 기술 기본 계획'에 따르면, Society 1.0은 수렵사회,

2.0은 농경사회다. 제1차 산업인 농림수산업은 노동 집약형이며 '바지런하게 꾸준히 일하는 것'이 성공의 조건이었다.

Society 3.0은 공업사회, 4.0은 정보사회다. 제2차 산업인 제조업은 자본 집약형이며 '큰 것이 좋다'라는 것이 성공의 열쇠로 여겨졌다. 일본은 공업으로 나라를 일으켰지만, 대량 소비는 환경 부하를 높이고 성장의 한계를 부르며 격차가 확대되었다. 선진국에서는 인구 감소가 문제가 되었다.

다가올 Society 5.0은 인간 중심의 사회다. 제3차 산업인 서비스업은 지식 집약형이며 '서로 지혜를 이끌어 내는 것'이 중요하다. 지식이 가치를 낳고, 모든 개인이 역량을 발휘하는 총 활약사회이며 인클루시브(inclusive)를 표방한다. 인클루시브란 '폭넓은, 포괄적'이라는 의미로, 모든 개인이 지식 체제에 접속하여 이용할 수 있고 평등한 기회를 얻을 수 있다는 뜻이다.

6 **그런데 그 계산을 담당하는 범용 프로세서의 전력 효율은 10년 동안 한 자릿수밖에 개선되지 않았습니다.**

미세화를 하면 회로의 용량을 줄이고 전력을 삭감할 수 있다. 즉, 10년 동안 $0.7^{10/2} \fallingdotseq 0.17$로 낮출 수 있다. 미세화에 설계 개선까지 더해져 마침내 전력 효율을 한 자릿수로 올렸다.

칩이 소비하는 전력은 열이 되어 방출되기 때문에 냉각이 따라가지 못하면 회로의 일부를 일시적으로 정전시킬 수밖에 없다. 정전된 회로의 일부를 다크 실리콘이라 부른다. 다크 실리콘의 비율은 미세화와 함께 증가하여, 5㎚에서는 80%에나 이른다. 즉 트랜지스터를 집적할 수 있어도 끌어낼 수 있는 기능이나 성능은 그 일부에 머무르는 경우가 있다. 따라서 전력 효율의 개선은 성능 개선으로 이어진다.

로직 반도체는 40㎚, 28㎚, 20㎚, 16㎚, 10㎚, 7㎚, 5㎚, 3㎚으로 2년마다

세대 교체를 반복해 왔다. 일본은 40nm에 멈춰 있다. 구마모토에 세우는 TSMC 공장은 처음에는 28nm 공정을 만들지만 이후 16nm 공정으로 미세화 시킬 예정이다. 2nm은 16nm을 기준으로 5세대를 더 가야 한다. 16nm에 비해 전력 효율이 한 자릿수 높다. 같은 전력을 쓸 수 있다면 성능은 10배 높고, 같은 성능으로 쓴다면 1/10만큼만 전력 소비를 하면 된다. 라피더스가 최첨단인 2nm의 제조를 목표로 하는 이유는 여기에 있다. 그리고 라피더스는 잃어버린 FinFET 시대(16nm에서 3nm)를 뛰어넘어 2nm에서 시작하는 GAA의 시대에 도전한다는 캐치업 전략을 가지고 있다.

7 **3D 집적을 해서 데이터 이동 거리가 자릿수를 바꿀 만큼 크게 단축된다면, 데이터 이동에 소비되는 에너지를 대폭적으로 줄일 수 있을 겁니다.**

물체가 중력에 따라 낙하하면, 위치 에너지가 운동 에너지로 바뀌어 마찰이나 충돌로 소리나 열이 생기면서 에너지를 소비한다. 마찬가지로 전자가 전계(전기장)를 따라 이동하면, 회로가 저항으로 열을 발생시켜 에너지를 소비한다.

미세화는 칩 내부에서 계산에 필요한 전하량을 줄일 수 있지만, 칩 간의 데이터 이동에 필요한 전하량은 줄일 수 없다. 각각 다른 패키지에 밀봉한 칩을 같은 패키지 안에 겹쳐서 설치하면, 데이터의 이동 거리를 1만분의 1로 단축할 수 있다. 이렇게 되면 데이터 이동에 필요한 에너지도 대폭 줄일 수 있다.

먼저, 후공정에서 칩을 적층하여 조립하는 것으로 실용화가 시작되지만 머지않아 전(前) 공정에서 웨이퍼나 칩을 직접 접합할 수 있게 될 것이다. 전(前) 공정과 후(後) 공정은 서서히 하나가 될 것이다.

8 **하지만 꽃의 탄생이 지구를 완전히 뒤바꿔 놓았다.**

꽃의 탄생으로 식물과 곤충 사이에 '공생'과 '공진화'가 시작되었고, 숲은 무성해지며 동물이 증식하고 영장류가 번영했다.(《NHK 스페셜 초진화론-식물이

주는 메시지》에서)

9 **사람들의 스마트폰 안에서 수천억 개의 반도체 스위치가 수억 번 켜졌다 꺼졌다.**

정반대로 동작하는 두 종류의 스위치(PMOS, NMOS)를 전원과 그라운드(전지) 사이에 연결해 게이트를 만든다. 게이트에 낮은 전압(이하, 0[제로])을 입력하면 전원 쪽 스위치(PMOS)가 온이 되고, 그라운드 쪽 스위치(NMOS)가 오프가 되어 높은 전압(이하, 1[일])이 출력된다. 마찬가지로 게이트에 1을 입력하면 0가 출력된다. 이것을 CMOS인버터라고 한다.

한편, 두 개의 인버터를 원의 형태로 연결하면 데이터 값을 유지할 수 있다. 즉, 제1의 인버터 출력에 제2의 인버터 입력을 연결하고 그 출력을 제1의 인버터 입력에 다시 연결한다. 이걸로 메모리를 만들 수 있다. 전자가 흐르는 경로, 그러니까 회로를 잘 설계하면 정보를 기억하거나 계산할 수 있다. 이미지 센서가 출력하는 디지털 정보를 이런 식으로 디지털 처리하면 사진을 촬영하거나 기억할 수 있다.

스마트폰에는 수천억 개의 트랜지스터가 집적된다. 만약 그중 1%가 사용되었다면, 모임 장소에서 100대의 스마트폰으로 '수천억 개의 반도체 스위치가 움직이게 되는 셈'이다. 또한 매초 10억 번의 시간을 새기는 클록에 맞춰 클록 몇 번에 스위치가 한 번 움직였다면, '수억 번 켜졌다 꺼진 셈'이 된다.

2. 권토중래 捲土重來 [Game Change]

10 **하지만 정석만으로 잃어버린 30년을 되돌리기란 어렵다. 경쟁의 무대에서 제2막을 예견하고 선행 투자를 하는 것도 필요하다. 검도 용어로 '선선**

(先先)의 선(先)'을 친다고도 한다.

일본의 반도체 산업이 뒤처진 이유도 그리고 그것을 다시 되돌릴 수 있을지의 여부도 달관한 듯이 이야기한다면 국운이라고 이야기할 수 있다. 미일 관계가 마찰에서 제휴로 바뀌고, 달러 엔 환율이 엔고에서 엔저로 바뀐다면 역풍이 순풍으로 흐르게 된다. 지금은 국운의 분기점이라고 할 수 있다. '철은 국가이다' 라는 말은 19세기에 독일을 무력으로 통일한 비스마르크의 연설에서 유래했다. 21세기는 '반도체가 국가' 라고 불리게 되지 않을까?

11 **그런데 15년이 지나자 무어의 법칙 때문에 집적도는 3자리나 늘어났고, 이내 설계가 따라가지 못하게 되었다. 이리하여 전용 칩의 시대는 막을 내렸다.**

무어의 법칙은 자연 법칙이 아니다. 그것은 산업계의 리듬이다.

반도체는 대규모 기술 집적체다. 산업계는 상류에서 하류까지 서플라이 체인이 깊고도 넓다. 기술 개발을 할 때 발걸음을 맞춰야만 한다. 2인3각이 아닌 2만인 2만1각인 셈이다. 발걸음을 맞추기 위한 기술 로드맵을 업계에서 작성하고 있다.

만약 메이커 A가 경쟁사 B를 앞질러서 발 빠르게 세대 교체를 이룬다 해도, A 메이커의 고객은 그 사실을 예상하고 사업 계획을 세우지 않는다. 또한 한 메이커에만 의존하면 공급 불안이 남기 때문에 여러 메이커에 주문하는 경우도 많다. 이러한 사정으로 산업계에 리듬이 생기는 것이다.

최근에 최첨단 기술을 제공할 수 있는 메이커의 수가 줄어들고 있다. 과점이 진행되면 리듬은 흐트러진다. 무어의 법칙이 끝을 맞이하고 있다는 징조다.

12 **이노베이션을 일으키기 위해서는 낙천적이어야 한다. 위험을 두려워하지 않고 변화를 추구하며 안주의 땅을 나와 모험을 떠나는 것이다.**

이노베이션에 대해 윈스턴 처칠은 이런 말을 남겼다. '비관주의자는 온갖 기회 속에서 문제를 찾아낸다. 하지만 낙관주의자는 온갖 문제 속에서 기회를 찾아낸다.'

13 **컴퓨터 발전의 시나리오는 프로세서와 메모리를 대량 생산해서 하드웨어를 보급시키고 소프트웨어를 다양한 용도로 이용하는 것이다. 그리고 반도체 사업의 왕도(王道)는 프로세서와 메모리를 저렴한 값으로 대량 공급하는 것이다.**

컴퓨터는 프로세서와 메모리로 구성되는 폰 노이만 아키텍처를 채용한다. 따라서 프로세서와 메모리의 반도체 시장은 거대해진다. 규격화된 칩을 대량 생산함으로써 경제성을 추구하게 된다. 그래서 치열한 자본 경쟁 끝에 과점화가 진행된다. 프로세서는 인텔이 7조 엔, 메모리는 삼성전자가 7조 엔의 시장을 점유하고 있다.

14 **일본은 디바이스 혁신에서는 이겼지만, 자본 경쟁에서 패했다.**

1988년, 일본의 반도체 세계 점유율은 50%를 넘었다. 반도체는 주로 TV나 비디오 등 생활기기에 사용됐다. 일본 기업은 아날로그 기술로 물리 공간의 편리성을 높이는 것이 특기였다.

그 후 PC와 스마트폰 시대로 접어들면서 디지털 기술로 가상공간을 개척하게 됐다. 그런 부분은 미국이 잘하기 때문에 일본은 고전을 면치 못했다. 앞으로는 물리 공간과 가상공간의 고도 융합이 필요하다. 일본은 물리 공간에서 정보를 모으는 센서나 물리 공간에 작용하는 모터 제어 쪽에서 기대를 받고 있다.

아날로그에서는 다양한 기술들을 서로 조정하고 통합하면서 품질 개선을 추구한다. 반면 디지털에서는 모듈 조합으로 규모의 확대를 추구한다. 전자는 일본이 잘하고, 후자는 미국이 강하다. 그러한 특기의 차이는 균질 사회와 다양 사회에 따른 국민성 차이와도 관계가 있을지 모른다.

15 이처럼 범용의 시대는 디바이스 혁신으로 막이 오르고, 자본 경쟁 끝에 막이 내린다. 한편, 전용의 시대는 설계 개발의 혁신으로 막이 오르고 무어의 법칙으로 막이 내린다.

반도체 메이커 입장에서는 같은 마스크를 써서 대량 생산을 했을 때 이익이 발생한다. 한편, 반도체 유저 입장에서는 특별 주문한 칩을 얻었을 때 제품의 경쟁력이 생겨난다. 상반되는 요구 사이에서 치열한 시장 경쟁과 기술 혁신이 생김으로써 두 시대는 시계추처럼 왕래해 왔다.

새로운 시장에서 선행자가 양산 이익을 내기 시작하면, 그 시장에 뛰어드는 자들이 급증해서 경쟁이 과열되고, 가격 저하로 이어져 이익이 나지 않게 된다. 결국에는 체력 소모전을 이겨낸 자만이 시장을 과점한다.

반면, 그 경쟁에서 패한 자는 고객 요구를 만족하는 커스텀 설계 기술을 추구한다. 기술 혁신을 일으킨 자가 커스텀 시대의 문을 연다.

1980년대에 ASIC 시대를 연 것은 EDA(전자 설계 자동화) 기술이었다. 트랜지스터에서 게이트, 논리로 설계의 추상 레벨을 높임으로써 점점 커지는 설계의 복잡함에 대항했다. 하지만 아무리 뛰어난 알고리즘이라도 기껏해야 nlog(n) 오더 정도의 문제만 처리할 수 있다. 무어의 법칙이 10년 만에 집적도를 100배나 늘린 결과, 설계는 결국 대응하지 못하게 되었고, 다품종 개발 시대는 끝나고 다시 범용 시대로 옮겨 갔다. 2000년부터 2020년까지는 범용의 시대가 이어졌다. 하지만 에너지 위기가 찾아오면서 전용 시대의 문이 열렸다. 이번에는 무어의 법칙이 느려지고 있기 때문에 전보다는 전용의 시대가 길게 이어질 전망이다.

16 **이러한 제약 아래에서는 에너지 효율을 10배 높인 사람만이 컴퓨터를 10배 더 고성능으로 쓸 수 있고, 스마트폰을 10배 더 길게 쓸 수 있게 된다.**

미세화를 해서 회로의 용량값을 깎아낼 수 있으면, 회로의 에너지 소비를 줄일 수 있다. CMOS 회로는 전원측 스위치를 온으로 해서 용량을 충전하고 '1' 을 출력한다. 혹은 그라운드측 스위치를 온으로 해서 용량을 방전하고 '0' 를 출력한다.

용량치가 C인 축전기에 V의 전압을 가하면, Q=CV만큼 전하를 저장할 수 있다. 그 양의 전하가 전원에서 그라운드로 이동하면, E=QV만큼 에너지를 잃는다. 즉, CMOS 회로의 에너지 소비는 $E=CV^2$가 된다.

스마트폰의 배터리 용량은 대략 3000mAh(밀리 암페어 아워)이다. 리튬 전지의 출력 전압은 약 3.7볼트이니까 3암페어×3.7볼트×3600초=4만 줄(Joule) 만큼 에너지가 저장되어 있다.

사진을 찍을 때, 칩이 10와트의 전력을 1초 동안 소비한다고 가정하자. 그 경우 사진 한 장을 찍는데 10줄(J)이라는 에너지가 소비되므로 사진을 4,000장 찍으면 배터리가 완전히 방전된다.

17 **전용 칩에서는 자본력이 아니라 학문이 요구된다. 예전에 캘리포니아대학 버클리 캠퍼스가 레이아웃이나 논리의 자동 생성 기술을 창출했듯이, 기능이나 시스템을 자동 생성하는 학문의 창출이 요구되고 있다. 대학이 짊어진 역할이 커지고 있다.**

회로 블록을 어느 영역 내에 배치하고 블록의 각 단자 사이를 요구에 맞게 배선하는 문제는 지극히 복잡한 조합을 최적화하는 문제다. 블록의 수가

10개라면 나열 방법은 10!(10팩토리얼) 그러니까 360만 남짓이므로 모든 경우에 대해 컴퓨터로 알아내는 것도 가능할 듯하다.

그러나 블록의 수가 100개로 늘어나면 순열의 수는 157자릿수를 넘는다. 전부 다 탐색하는 것을 포기하고 어느 정도 정답에 가까운 해를 찾아내는 방법이 필요하다. Mincut(최소 컷 정리) 등 발견적 방법의 알고리즘이나 시뮬레이티드 어닐링 등 수치 계산 방법이 사용되어 왔다.

더 나아가 블록의 수가 1,000개까지 늘어나면 순열의 수는 2,500자릿수를 넘는다. 탐색 공간이 360자릿수만큼 있다고 알려진 바둑을 훨씬 넘는 광대한 공간이다. 하지만 바둑에서도 명인을 능가하는 AI 기술을 발표한 구글이 기계 학습으로 경험이 풍부한 설계자를 능가하는 배치가 가능하다고 최근에 발표했다.

18 사회의 에너지 문제를 해결하려면 반도체의 에너지 효율을 높일 수밖에 없다. 전용 칩을 쓰면 범용 칩에 비해 두 자릿수 정도 전력 효율을 높일 수 있다.

범용 칩은 일반 용도로 개발되고 시판된다. 반면, 전용 칩은 특정 용도로 개발되기만 하고 시판하지는 않는다. 프로세서를 예로 들면, 인텔의 CPU나 엔비디아의 GPU는 범용 칩이고, 애플의 M1이나 구글의 TPU는 전용 칩이다.

범용 칩은 누구나 어떤 목적으로든 이용할 수 있도록 설계되어 있어서 회로가 중복성(redundancy)를 가질 수밖에 없다. 게다가 과거에서 미래까지 계속 이용하므로 역사의 흔적이 남는다. 그에 비해 전용 칩은 이용자와 목적이 뚜렷하므로 최적의 설계가 가능하다. 그 결과, 전력 효율을 대폭 높일 수 있다.

19 토사가 고순도의 반도체로 대체된다.

반도체에는 고순도 실리콘 말고도 다양한 재료가 사용된다. 또한 그 종류도 최근 들어 급증하고 있다. 예컨대 배선은 점점 미세화가 진행되면서 전도율이 더 높은 재료가 필요해진다. 예전에는 알루미늄이었지만, 2000년 이후에는 구리와 텅스텐이다. 앞으로는 코발트가 사용될 것이다. 코발트는 희귀 금속이다. 리튬이온 전지에도 필요하다. 세계 생산의 절반 이상을 아프리카의 콩고민주공화국이 차지한다는 점 때문에 공급망이 불안하다는 점도 있다.

3. 구조개혁 構造改革 [More Moore]

20 전력을 줄이는 방법은 세 가지가 있다. 저전압화(V)와 저용량화(C) 스위칭의 저감(fa)이다.

전자 디바이스에서는 전자에 정보를 싣는다. CMOS 회로의 경우, 정보 처리에 쓰는 전하는 Q=CV(C는 회로의 용량이고 V는 전원 전압)이다. 이 전하가 전압(V)만큼 떨어졌을 때 잃는 에너지는 $E=QV=CV^2$가 된다. 전력은 매초 소비하는 에너지이기 때문에 스위칭 횟수를 곱해서 $P=f\alpha CV^2$로 구할 수 있다(f는 클록 주파수이고 α는 스위칭 확률).

21 칩의 제조 비용은 웨이퍼 1개당 제조 비용을 웨이퍼 1개에서 얻을 수 있는 양품 칩의 수로 나눈 값이다.

칩의 제조 비용은 주로 칩 면적과 수율, 그리고 프로세스가 얼마나 복잡한지에 따라 정해진다. 칩 면적이 작은 만큼, 또는 수율이 높은 만큼 웨이퍼 1장에서 많은 양품 칩을 얻을 수 있다. 또한 프로세스 공정 수가 적을수록 웨이퍼 1장을 제조하는 경비를 줄일 수 있다. 칩의 제조 비용에 칩의 개발비, 패키지 비용, 테스트 비용, 신뢰성 시험 비용이 더해지고, 거기에 영업이나 판매 경비가 가산된다. 이들 경비에 이익을 더한 것이 가격이다.

22 **리소그래피와 프로세스 기술을 진화시켜 디바이스를 스케일링한다. 동시에 웨이퍼의 구경을 크게 하거나 제조 기술을 개선해서 수율을 높이고 양품 칩의 수를 늘린다.**

사각 칩을 둥근 웨이퍼로 잘라내면 웨이퍼 주변은 낭비가 된다. 그럼에도 왜 웨이퍼는 둥글까?

이유는 고순도의 단결정 실리콘 잉곳을 제조할 때도, 웨이퍼에 레지스트를 도포하거나 성막(成膜)할 때도, 또한 웨이퍼를 세정할 때도 웨이퍼를 회전시켜 순도나 균질성을 높일 수 있기 때문이다.

23 **디바이스의 치수와 전압을 둘 다 1/α로 작게 스케일링하면, 트랜지스터 내부의 전계를 일정하게 유지할 수 있다.**

치수의 단위는 미터[m], 전압의 단위는 볼트[V]. 전계의 세기, 그러니까 전계 강도의 단위는 볼트 퍼 미터[V/m]이다. 단위를 알면 물리적 의미를 떠올릴 때 도움이 된다.

전계 효과를 이용한 트랜지스터를 FET(Field Effect Transistor)라고 부른다.

24 **디바이스 치수가 1/α가 될 때, 트랜지스터를 흐르는 전류와 용량도 똑같이 1/α가 된다. 왜냐하면 전류는 디바이스의 치수에 비례해서 1/α가 되고 용량도 면적÷거리로 구할 수 있는데, 면적이 $1/α^2$이기 때문에 용량은 1/α가 된다.**

전류 I는 전하(단위는 쿨롱[C])가 흐르는 속도이며, [C/초]로 구한다.

이것은 게이트의 전계 효과에 따라 야기한 채널 방향의 전하 밀도[C/m]와 드레인·소스 사이의 전계에 따라 채널을 이동하는 전하의 속도[m/초]를 곱해서 구한다.

채널 방향의 전하 밀도[C/m]는 전하를 Q=CV로 구한다는 것에서 유추할 수 있듯이, 게이트 용량 C와 게이트·채널 사이의 전압 V를 곱해서 구한다.

여기서 게이트 길이를 L로 했을 때, 게이트 용량은 C=ε(LW)/d로 구할 수 있기 때문에 채널 방향당 용량은 채널 폭 W[m]÷게이트 절연막의 두께 d[m]로 정해진다. 즉, 스케일링을 해도 값은 일정하다.

따라서 채널 방향의 전하 밀도는 전압 V에 비례하고, 스케일링으로 1/α만큼 작아진다. 한편, 드레인·소스 사이의 전계에 따라 채널을 이동하는 전하 속도는 드레인·소스 사이의 전계, 그러니까 드레인·소스 간 전압[V]÷채널 길이[m]로 정해지므로 스케일링을 해도 값은 일정하다. 이상을 정리하면, 전류 I는 V^2/x에 비례하기 때문에 스케일링으로 1/α만큼 작아진다.

또한 용량 C는 면적÷거리로 구하기 때문에 1/α만큼의 스케일로 작아진다.

25 **전압, 전류, 용량이 각각 1/α가 되면, 회로의 지연 시간도 1/α가 된다. 회로의 지연 시간은 용량×전압÷전류로 구할 수 있기 때문이다.**

전원 전압 V까지 진폭하는 CMOS 회로의 부하 용량 C를 충전 방전하는 전하량 Q는 Q=CV로 주어지고, 전류 I는 전하의 유속이기 때문에 I=Q/t (t는 시간)이다. 이 두 식을 연립해서 풀면 t=CV/I=RC가 된다. 즉, CMOS 회로의 지연 시간은 저항 R과 용량 C의 곱인 RC 시정수로 추정할 수 있다.

따라서 전압 V와 전류 I와 용량 C가 각각 1/α로 비례 축소되면, CMOS 회로의 지연 시간은 1/α배로 작아진다.

26 **이 경우 전류는 α배로 늘어나고 용량은 1/α로 작아지기 때문에 회로의 지연 시간은 $1/α^2$로 작아져서 회로는 한층 더 고속으로 동작한다. 하지만 전력 밀도는 $α^3$으로 급증하기 때문에 발열량도 이에 비례해서 늘어난다.**

해설 24, 25에서 디바이스의 치수를 x[m]으로 하면 전류[A]는 V^2/x에 비례하고 용량 C[F]는 x에 비례하며 회로의 지연 시간[초]은 CV/I에 비례한다. 따라서 전압 V를 일정하게 한 채로 디바이스의 치수 x를 $1/\alpha$로 작게 하면 전류 I는 $V^2/x=1^2/(1/\alpha)$로 α배 늘어나고, 용량 C는 $x=1/\alpha$로 $1/\alpha$만큼 작아지고 회로의 지연 시간은 $CV/I=(1/\alpha)\cdot 1/\alpha$로 $1/\alpha^2$만큼 작아져서 고속으로 작동한다. 그러나 전력 밀도는 $VI/x^2=\alpha/(1/\alpha)^2$ 즉, α^3으로 확 급증한다.

27 그러면 게이트의 양쪽 반도체 기판 표면에 불순물이 주입되어 소스와 드레인이 형성된다.

트랜지스터나 배선은 입체 구조를 띤다. 각층의 평면 구조를 그린 수십 장의 포토마스크를 이용해서 칩 표면에 패턴 전사를 반복하면서 입체 구조를 아래부터 위로 차례차례 완성한다.

그러나 마스크의 위치 조정에는 오차가 있기 때문에 제작된 단면 사이에는 아주 약간 어긋나는 부분이 남는다. 트랜지스터의 소스와 드레인에 끼여 있는 채널은 최대한 짧으면서 게이트 바로 아래가 되어야 한다. 그래서 소스와 드레인과 게이트의 위치를 높은 정밀도로 작성하는데, 그렇기 때문에 이곳만큼은 특별한 제조 프로세스를 사용한다.

즉, 소스와 드레인보다 위에 위치하는 게이트를 먼저 제작하고, 그 다음에 게이트 위에서 불순물을 넣는다. 그러면 게이트가 마스크 역할을 대신하며 그 바로 아래에는 불순물이 들어가지 않고 게이트 양쪽에 딱 맞게 소스와 드레인이 제작된다. 이처럼 이미 형성된 패턴을 다음 프로세스의 마스크로서 이용하고, 마스크의 위치 조정 없이 다음 프로세스를 진행하는 것을 자기 정합이라고 부른다.

28 다음으로는 구조를 바꿀 수밖에 없다.

게이트 산화막을 유전율이 높은 재료로 바꿔 커패시터 용량을 유지하면서, 물리막의 두께를 두껍게 하여 리크 전류를 억제한다. 리크 전류는 물리막 두께에 지수 함수적으로 반비례하기 때문이다. 트랜지스터의 심장부인 게이트 산화막 재료를 바꾼다는 이 혁신적인 시도 덕분에 게이트 리크 전류를 효과적으로 막을 수 있었다.

그러나 미세화가 진행되면서 소스나 드레인과 실리콘 기판 사이에 생기는 접합 누설(leak)이 드러나면서, 결국 트랜지스터의 구조를 근원적으로 다시 볼 수밖에 없게 되었다.

29 **한편, 잭 킬비는 1958년에 집적회로(IC)를 발명했다. 포토 리소그래피를 이용해서 칩 한 장에 소자와 배선을 집적함으로써 '대규모 시스템의 접속 문제'를 해결했다. 이윽고 실리콘이 IC에 최적인 재료라는 사실을 알아냈다.**

클린룸의 조명에는 포토 리소그래피에 쓰는 레지스터가 감광하지 않도록 비교적 파장이 긴 호박색 LED가 이용된다. 사진 필름을 현상하는 방이 암실인 것과 똑같은 이유다. 미세화와 더불어 노광 장치에는 더 단파장인 광원이 이용된다. 13.5nm의 EUV(Extreme Ultra-violoet, 극자외선) 광이 되면, 클린룸에서도 백색광 조명을 쓸 수 있게 된다.

30 **하지만 21세기에 들어와 오토 인코더의 심층화에 성공하여 학습에 필요한 컴퓨터 성능이 충분히 높아졌다. 그 결과 심층 학습이 기존의 정보처리에 비해 압도적으로 높은 처리 성능을 발휘하게 되면서 급속히 실용화되었다.**

GPU(Graphics Processing Unit)는 화상 처리에 특화된 칩이다. 입력 화상에 대응하는 화소값과 그 주위의 영역 안의 화소값을 이용하여, 출력 화상의 화소값을 계산한다. 이때에 다양한 화상 처리(공간 필터링)를 할 수 있다. 예컨대, 3×3짜리 영역의 9개 화소값에 각각 1/9의 계수를 곱해서 더하면, 영역 안에서 화소가 평균화되기 때문에 화상을 흐릿하게 할 수 있다. 반대로 중앙의 화소값만을 9배로 하고 그 이외의 화소값에 −1을 곱해서 더하면(다시 말하면 뺄셈), 중앙의 화소가 두드러져 화상이 날카로워진다. 이러한 계산은 모두 행렬식으로 나타낼 수 있기 때문에 GPU는 행렬 계산을 효율적으로 할 수 있는 회로를 탑재한다.

신경 회로망은 축삭에 입력되는 신호들과 시냅스의 하중 계수들을 서로 곱하고 이 값들을 모두 더한 값이 역치를 넘었을 때 출력 신호가 발화된다. 따라서 여기에서도 행렬 계산이 반복적으로 이루어지기 때문에 신경회로망의 계산에 GPU가 널리 사용되고 있다.

31 **개발된 축소 투영형 노광 장치(스테퍼)는 세계 시장을 점유하고 반도체 제조 장치의 일본화 비율을 20%에서 70%까지 끌어올리는 데 공헌했다.**

소재와 제조 장치는 일본이 강하다. 소재는 6조 엔 시장에서 65%가 넘는 세계 점유율을 갖고 있고, 제조 장치는 7조 엔 시장에서 35%를 점유한다.

일본은 1980년대에 반도체가 강했을 때 종합 전기 메이커의 강점을 살려서 소재나 제조 장치의 기술력을 강화했다. 그리고 일본의 반도체가 약해지자 사업을 세계에 전개함으로써 경쟁력을 유지하고 있다. 또한 자동차 산업과 마찬가지로 깊고 넓은 산업 생태계가 조성되어 있기 때문에 일본 내에서 경쟁력을 유지하고 있다.

일본은 파라미터가 많고 서로 복잡하게 얽혀 있는 문제를 경험이나 직감으로 최적해를 찾아내는 암묵지와 노하우에 강점이 있다. 현장의 지속적인 개선이나 개량이 요구되는 세계에서 이 강점이 발휘된다. 원래, 소재에서 신

제품을 개발하는 일은 믿기지 않을 정도로 성공할 확률이 낮다. 또한 고객마다 커스터마이즈하는 것을 꺼리지 않아야 하고, 세부적으로 조정하는 것도 필요하다. 요컨대, 성실, 품질 관리, 인내심 있는 개발, 고객의 요구에 철저하게 대응하는 자세 등 일본인의 특성이 경쟁력의 원천이 될 수 있다. 컴퓨터를 이용해서 소재를 탐색하는 머티리얼즈 인포매틱스(Materials Informatics) 분야가 활기를 띠기 시작했다. MI는 일본에 위협일까 도움일까? MI는 강한 기업을 더 강하게 만든다는 의견도 있다.

32 **그리고 부분 최적화가 아닌 종합 최적화를 목표로, 설계부터 디바이스, 제조, 장치, 재료를 모두 연구하는 노력이 필요하다.**

미세화가 어려워지고 트랜지스터의 구조가 FinFET이나 GAA로 크게 변혁되면서 설계와 제조의 공동 최적화(Design-Technology Co-Optimization, DTCO), 나아가 시스템과 제조의 공동 최적화(System-Technology Co-Optimization, STCO)가 강하게 요구되고 있다.

4. 백화요란 百花擾亂 [More than Moore]

33 **칩 안에서의 집적에만 의존할 수 없게 되고, 2D에서 3D로 칩이 진화하는 현재에 한층 더 획기적인 '접속 문제의 해답'이 요구되고 있다.**

로직과 DRAM과 NAND 플래시는 디바이스에 대한 요구가 크게 다르다. 로직에는 고속 동작하는 트랜지스터가 필요하다. DRAM에는 누설(리크)이 작은 커패시터가 필요하고, NAND에는 전자를 포획할 수 있는 매우 얇은 막이 필요하다.

예컨대 로직과 DRAM을 같은 웨이퍼로 만들면, 고속 트랜지스터와 고성능 커패시터를 모두 만들어야 한다. 로직과 DRAM의 점유 면적이 비슷하면, 로직의 영역에서는 고성능 커패시터를 위한 프로세스가 낭비되고, DRAM 영역에서는 고속 트랜지스터를 위한 프로세스가 낭비된다.

결국 로직과 DRAM을 따로 제조한 후에 둘을 가까이에 설치하는 편이 같은 칩에 집적하는 것보다 비용을 줄일 수 있다.

34 **이것은 칩의 배선으로 코일을 감아 디지털 신호에 맞춰 코일에 흐르는 전류의 방향을 바꾼다. 그러면 자계(자기장)의 방향이 바뀐다. 다른 칩은 코일에 생기는 신호의 극성을 검지해서 디지털 신호로 되돌리는 방식이다.**

코일은 아날로그 회로의 발진기 등에 예전부터 사용되어 왔다. 설계자가 의도하지 않은 용량이나 저항을 최대한 작게 하기 위해 레이아웃은 비교적 커졌고, 칩에 10개 이상 배치되는 일은 별로 없다.

한편 자계 결합 통신의 경우는 디지털 회로이기 때문에 설계자가 의도하지 않은 용량이나 저항이 어느 정도 들어가도 상관하지 않는다. 다층 배선을 사용해서 작게 레이아웃할 수 있다. 코일 안에 다른 배선이 지나거나 코일 아래에 다른 회로가 놓여도 개의치 않는다. 칩에 1,000개 이상의 코일을 배치할 수도 있다.

35 **매트 리들리는 그의 저서 『이성적 낙관주의자』에서 사람들이 서로 많이 연결되면 될수록 혁신이 일어날 확률이 높아진다고 했다. 만약 뇌가 인터넷에 연결된다면 보다 많은 아이디어가 생겨서 지구 위를 뒤덮을까?**

인터넷은 순식간에 공간 이동하는 것을 가능케 했다. 온라인 미팅으로 전 세계를 돌아다닐 수 있다. 하지만 시차 문제가 남는다. 전 세계 사람들이 참가하는 회의에서는 새벽이나 이른 아침에 회의를 시작하는 일도 적지 않다. 만약 뇌를 인터넷에 접속할 수 있다면 시간의 벽도 뛰어넘을 수 있을까? 새벽에 열리는 회의는 평소처럼 잠을 잔 후에 개최 시각에 맞게 뇌파를 유도해서 렘수면으로 참가하는 것이다. 렘수면 중에 몸은 골격근이 이완한 휴식 상태이지만, 뇌는 활동해서 각성 상태에 있을 것이다. 그러면 낮보다 오히려 뇌가 맑아진다. 토론도 더 생산적이 될 것이다. 문제는 회의에 했던 발언을 이튿날 아침에 기억하지 못한다는 점이다. 회의록을 보고 자신이 한 말에 깜짝 놀라기도 할 것이다. 그때는 '잠꼬대를 했네요.' 라며 변명을 하면 된다.

5. 민주주의 民主主義 [More People]

36 **가장 단순한 버블 소트라는 수법의 연산량 O는 n^2에 비례하는 반면, 분할 통치법을 이용한 퀵 소트의 O는 $n\log_2 n$으로 연산량이 대폭적으로 단축된다.**

검색에서도 리니어 서치인 O(n)에서 분할 통치법을 이용함으로써 바이너리 서치(Binary Search, 이진 탐색)인 $O(\log_2 n)$로 시간을 단축할 수 있다.

37 **요한센의 지도 교수는 미드였다.**

딥 요한센이 카버 미드의 80세 생신을 축하하는, 제자의 사랑이 넘치는 연설을 녹화한 영상이 있다.(https://www.youtube.com/watch?v=9kz1ZWO1Dr8)

여기서 그는 레이아웃의 배색에 주의하라고 얘기한다. 미드의 교과서를 사용한 미국에서 빨강은 Poly Si 게이트였다. 하지만 내가 근무했던 도시바에서 빨강은 Al 배선이었기 때문에 무척 혼란스러웠다.

38 **1988년에 나는 캘리포니아대학 버클리 캠퍼스로 유학을 갔다. 그때의 호**

스트가 데이비드 패터슨과 RISC-Ⅰ를 개발한 카를로 세칸이었다.

카를로 세칸 교수의 연구 이력은 다채롭다. 1965년에 스위스의 바젤대학에서 실험 물리를 공부한 후, 미국의 벨 연구소에서 CCD의 1인자가 되었다. 1977년에 버클리로 옮겨 패터슨 교수와 세계 최초로 RISC 프로세서를 개발했다. 1984년경부터 CAD와 컴퓨터 그래픽스를 연구하고 그 후에는 건축이나 조형미술의 경계 영역까지 진출했다.

"선생님이 사는 모습은 그야말로 시뮬레이티드 어닐링(Simulated Annealing, SA)이네요." 하고 내가 말한 적이 있다. 뉴턴법 등에서는 평가치가 좋아지는 방향으로만 공간을 탐색하기 때문에 초기값에 따라서는 국지적 최적점(local optimum)에 빠져 전역 최적점(gross optimum)에 도달하지 못하는 경우가 있다. 반면 시뮬레이티드 어닐링에서는 온도에 맞춘 확률로, 가끔은 평가치가 나빠지는 방향으로 탐색하는 점이 다르다. 마치 어닐링(열처리)을 하듯이, 고온일 때는 활발하게 탐색 공간을 뛰어다니지만 서서히 온도를 낮추면서 안정되는 것이다.

인생에도 통하는 사고법이라고 생각했다. 하지만 그는 안정되기는커녕 계속 뛰어다니고 있다. "선생님은 온도가 전혀 내려가질 않네요. 오히려 더 뜨거워지는 것 같아요."라고 내가 말하자, 그는 장난스러운 눈으로 이렇게 말했다.

"시뮬레이티드 어닐링은 스태틱(static, 고정적인)한 공간을 탐색하기엔 적합하지만, 내가 흥미를 가진 공간은 다이내믹하게 변화를 해서 말이지."

6. 초진화론 超進化論 [Epilogue]

39 **즉, 'bottom'이 나노(10^{-9})의 미소 치수를 탐구하는 것이라면, 'TOP'은 기가(10^9=10억), 나아가 테라(10^{12}=1조)라는 거대 집적을 탐구하는 것이다.**

집적회로에는 아주 작은 숫자부터 거대한 숫자까지 사용된다. 먼저, 작은 숫자를 나타내는 단위에는 마이크로(10^{-6}), 나노(10^{-9}), 피코(10^{-12}), 펨토(10^{-15}), 아토(10^{-18})가 있다. 소자의 치수(단위는 미터)는 마이크로부터 나노, 용량의 크기(단위는 패럿)는 피코부터 펨토, 신호 전반의 시간(단위는 초)은 피코부터 펨토가 자주 사용된다. 전류(단위는 암페어)는 마이크로부터 밀리(10^{-3}), 저항(단위는 옴)은 킬로(10^3=1000)부터 메가(10^6=100만)가 많다.

한편 큰 숫자를 나타내는 단위로는 기가(10^9=10억), 테라(10^{12}=1조), 페타(10^{15}=1000조), 엑사(10^{18}=100경)가 있다. 메모리나 스토리지의 기억 용량(단위는 바이트)은 기가부터 테라, 칩 간 데이터 전송의 속도(단위는 비트/초)는 기가부터 테라, 슈퍼컴퓨터의 처리 성능(단위는 처리/초)은 페타부터 엑사, 유통하는 디지털 데이터의 총량(단위는 바이트)은 엑사를 넘는다.

이처럼 집적회로는 0이 무려 36개나 이어지는 천문학적 넓이의 공간을 다룬다.

반도체 초진화론

반도체 민주화 시대의 대응 전략

초판 1쇄 인쇄 2024년 4월 5일
초판 1쇄 발행 2024년 4월 10일

지은이 구로다 다다히로
(도쿄대학교 전기전자공학부)
옮긴이 박정규
(KAIST 기술경영전문대학원 겸직 교수)
펴낸이 조승식
펴낸곳 도서출판 북스힐

등록 1998년 7월 28일 제22-457호
주소 서울시 강북구 한천로 153길 17
전화 02-994-0071
팩스 02-994-0073
인스타그램 @bookshill_official
블로그 blog.naver.com/booksgogo
이메일 bookshill@bookshill.com

정가 15,000원
ISBN 979-11-5971-588-4